县域低碳经济：

发展机制、模式与路径

郭荣朝　著

社会科学文献出版社
SOCIAL SCIENCES ACADEMIC PRESS (CHINA)

国家社会科学基金项目（12BJL046）、2014年度河南省教育厅哲学社会科学研究重大课题攻关项目（4）、2016 年河南省高等学校哲学社会科学应用研究重大项目（2016 – YYZD – 01）、中原经济区"三化"协调发展河南省协同创新中心研究成果

摘　要

　　人类从诞生至今，先后经历了原始经济时代、农业经济时代、工业经济时代以及知识信息经济时代，各经济时代均有不同的经济活动，其制度、结构、观念、生产方式，尤其是核心技术等有着本质差别，并形成与经济时代相对应的原始经济形态、农业经济形态、工业经济形态以及知识信息经济形态等。尤其是工业经济阶段的高投入、高消耗、高排放、高污染，给人类生态环境带来了极大的影响。二氧化碳等温室气体排放不断增加，大气温室效应进一步增强，全球气候变暖对海平面和海岸带、冰川雪线、极端天气以及人类生产生活产生重要影响，对生态系统产生严重干扰，严重影响人体健康，加速了物种灭绝的过程，生物多样性快速减少。在此背景下，英国政府率先提出了由工业经济形态向知识经济形态过渡的低碳经济。低碳经济就是在可持续发展理念指导下，以低碳（零碳）科学技术为支撑，以低碳（零碳）法律规章制度完善为保障，以产业结构优化升级为载体，以绿色生态循环发展为主要内容，以清洁能源利用为动力，以空间结构优化为基础，以低能耗、低排放、低污染、高增长为特征，以实现经济社会环境健康协调"多赢"为目标的经济发展模式。因此，低碳经济是一个相对于高碳经济而言的概念，是经济发展不断低碳化的过程。

　　近些年来，国内外专家学者对各国乃至全球的低碳经济发展、低碳技术研发与应用、碳补偿机制构建、碳金融、碳税体系等进行了较为深入的研究。然而，有关我国县域空间尺度的低碳经济发展研究成果则较少。县域单元是我国行政单元中一个超稳定的层次，在我国经济社会环境发展过程中发挥着重要的基础支撑作用。县域低碳经济发展研究既是县域健康发展的机遇，也是县域发展过程中的挑战。县域低碳经济发展机制构建、发展模式确定与发展路径选择等方面的研究将会引起更多专家学者的关注。

　　西方发达国家（地区）低碳经济发展起步较早，已积累了诸多不同类型特色的切实可行的低碳经济发展模式，积累了诸多经验，为我国县域低碳经济健康发展提供了有益的借鉴与启示。

县域低碳经济发展研究涉及县域新能源开发与能源高效利用、科技与制度创新、工农业与第三产业发展方式转变、产业结构调整、空间结构优化重组、生态环境演变、区域协调发展等诸多方面，碳循环理论、产业结构演进升级理论、经济发展阶段理论、产业集群理论、地域生产综合体理论、生态足迹理论、环境库兹涅茨曲线理论、脱钩发展理论以及可持续发展理论等为县域低碳经济发展提供了坚实的理论基础。

县域资源环境条件、原有经济基础、社会文化条件、科学技术进步、法律制度体系、政策体制条件、低碳金融体系等，对我国县域低碳经济发展起着重要的加速推进或迟滞延缓作用。目前，我国县域低碳经济在发展过程中仍然存在产业发展困境、生态环境困境、体制机制困境以及碳汇能力建设困境等诸多问题。

分析县域碳排放的构成，采用适当方法对县域碳收支平衡情况进行估算，预测碳排放态势与发展格局将为县域低碳经济发展机制构建、发展模式确定以及发展路径选择奠定良好的基础。

在此基础上，县域发展要及时构建促进县域低碳经济健康发展的法规政策引导机制，完善以低碳减排约束为主要内容的法律框架，完善以产业结构调整优化、产业空间优化布局、产业技术创新、产业发展组织优化为主要内容的低碳经济政策；构建以低碳经济知识研究系统、低碳经济技术创新系统、低碳经济知识和技术传播系统、低碳经济中介服务系统、低碳经济科技资金保障系统、低碳经济科技监督和监测系统为主要内容的低碳经济科学技术支撑驱动机制，促进县域低碳经济持续发展；要以劳动地域分工为基础，以充分发挥县域比较优势为目的，努力优化县域产业布局、县域城乡空间布局、县域基础设施配置和县域生态空间结构，形成有利于县域低碳经济发展的空间结构优化耦合驱动机制；最终在经济发展促动机制、低碳金融支持机制、生态环境约束机制、社会文化导向机制以及耦合创新驱动机制的共同作用下，尤其是在充分发挥耦合创新驱动机制作用的情况下，推动我国县域低碳经济健康可持续发展。

我国地域广袤，幅员辽阔，县域低碳经济发展条件差异巨大。在县域低碳经济发展模式选择方面，既有以减少碳源排放为主的低碳产业发展模式、清洁生产模式、产业转型升级模式、产业结构调整模式、能源结构优化模式、空间结构优化模式等，也有以增加碳汇为主要内容的林业碳汇模式、农田碳汇模式，还有兼顾碳源排放减少与碳汇碳储存能力增加的低碳生态城镇建设模式、碳汇生态乡村建设模式等。

由于县域低碳经济发展条件的差异以及发展模式的不同，也就存在不同的县域低碳经济发展路径。具体包括：低碳产业发展路径、产业结构低碳化路径、能源结构优化路径、空间结构优化路径、能源清洁生产路径、碳汇林业建设路径、碳汇农业发展路径、低碳生态城镇建设路径、碳汇生态乡村建设路径等。

县域低碳经济发展过程中，不同的时间段往往以某一种或某几种低碳驱动机制为主，其间需要有机的耦合。在不同驱动机制、不同发展条件下，县域低碳经济发展模式往往以某一种模式或某几种模式为主，各种低碳经济发展模式并不是孤立存在的，彼此之间有着千丝万缕的联系。县域低碳经济发展条件不同，发展模式选择不同，县域低碳经济健康发展的实现路径（或者突破点）也就存在较大差异。本书结合全国各县域的基本情况，对汝南县低碳产业发展模式、乐陵市产业结构低碳化调整模式、镇平县城镇空间结构优化经验、商水县城乡空间结构优化尝试、徐闻县低碳生态发展模式构建、中牟县低碳生态休闲农业发展探析、化隆县低碳生态城镇建设模式、元江县碳汇生态乡村建设模式等进行了总结和归纳。

关键词： 县域　低碳经济　动力机制　发展模式　发展路径

ABSTRACT

From the birth of human beings, we have original economic era, agricultural economic era, industrial economic era and knowledge and information based economic era. Different eras have different economy activities. Their core technique, basic producing method, economic system and social sense have essential differences. Thus, related economic patterns of original economy, agricultural economy, industry economy and intellectual economy have formed. Especially due to the development of industrial economy, the pattern of high energy uses, high discharge of waste and high pollution, the ecological environment of human beings has been heavily influenced. The increasing emission of greenhouse gas such as CO_2, the greenhouse effect and the world economy warning makes significant influence on sea level and sea coast, glacier and snow line, extreme weather and production and life of human beings, heavily disturbed the ecological system, heavily influenced the health of human beings, accelerated the extinction of species and reduced biological diversity. Under this background, the low-carbon economy, a transition from industrial economy to intellectual economy, was proposed by UK Government. The low-carbon economy is a kind of economic developing pattern aiming at realizing economic, social and environmental healthy and harmonious "multi-win", which is guided by the idea of sustainable development, supported by innovation of low-carbon technology, guaranteed by perfection of low-carbon laws and regulations, carried by industrial restructuring and upgrading, aimed at green ecological circulation development, motivated by clean energy, based on spatial structure optimizing and characterized by low energy usage, low emission, low population and high increase. Therefore, low-carbon economy is a concept related to high-carbon economy and is the process of decreasing carbon emission.

Recently, experts in China and abroad analyzed low-carbon economy development, low-carbon R&D and application, carbon compensation mechanism construction, carbon finance and carbon tax system deeply in different spatial dimensions. However, there is not much analysis of low-carbon economy in county spatial dimensions. County unit is a super stable level in administrative unit, which support our economic, social and environmental healthy development basically. The county low-carbon economy development is not only a chance but also a challenge. The research of county low-carbon economy development mechanism construction, development pattern and path selection would draw more attention from experts.

The low-carbon economy develops early in western developed countries and has accumulated characteristic and realizable low-carbon economy construction patterns and development strategies. Gathered experiences would provide useful references and inspiration to county low-carbon economy development construction in China.

The research of county low-carbon economy involves new energy exploiting and efficient usage of new energy in county, science, technology and system innovation, development pattern changes of industry, agriculture and tertiary sector, adjustment of industrial structure, spatial structure rearrangement, ecological environment evolution and regional coordinated development, etc. Carbon Circulation Theory, Industry Structure Restructuring and Upgrading Theory, Economic Development Phases Theory, Industrial Cluster Theory, Regional Production Composition Theory, Ecological Footprint Theory, Environment Kuznets Curve Theory, Decoupling Theory and Sustainable Development Theory are the theoretical basis of county low-carbon economy development.

County resource and environment statues, original economic basis, social and cultural condition, scientific and technological process, legal system, political system and carbon finance system postpone or advance county low-carbon economy development. Problems such as industry development dilemma, ecological environment dilemma, mechanism dilemma and carbon sink construction dilemma still exist.

Analysis of composition of county carbon emission, estimation of county carbon balance between income and expenditure using proper methods, forecasting of carbon emission and development situation would lay favorable basis of county low-carbon development mechanism construction, development model confirmation and development pattern selection.

On this basis, it is necessary to complete legal framework of low-carbon and reducing emission constraint, to complete low-carbon economy policy of optimizing and adjusting industrial structure, optimizing industrial spatial layout, innovating industrial technologies and optimizing industrial organization and to construct legal guiding mechanism to promote healthy development of county low-carbon economy. To further the sustainable development of county low-carbon economy, it is necessary to build up low-carbon economic, scientific and technological driving and supporting system of low-carbon economy knowledge research system, low-carbon economy technology innovation system, low-carbon economy knowledge and technology transmission system, low-carbon economy intermediary service system, low-carbon economy technology fund support system. To form coupling and driving mechanism of optimizing county low-carbon economy spatial structure and to optimize county industrial layout, county urban and rural spatial layout, county infrastructure and county ecological spatial structure, the basis should be regional labor division, the aim should be full usage of county comparative advantage. Eventually, in the combined force of economic development promoting mechanism, carbon finance support mechanism, ecological and environmental constraints system, social and cultural guiding and especially coupling innovation driving mechanism, the county low-carbon economy would develop healthily.

County low-carbon economy development conditions of different areas have extreme variation because of vast and extraordinary country spanning. There are low-carbon industry development model, clean producing model, industry changing and upgrading model, industry structure adjustment model, energy structure optimizing model and spatial structure optimizing model aiming at reducing carbon emission. Meanwhile, there are forest carbon sink model and farmland sink model aiming at increasing carbon sink. Furthermore, there are comprehensive model of low-carbon ecological county construction and carbon sink ecological village construction aiming at reducing carbon emission and increasing carbon sink.

Different low-carbon economy development paths exist due to county low-carbon economy development condition and model differences. Paths include low-carbon industry development path, low-carbon industrial structure path, energy structure optimizing path, spatial structure optimizing path, energy clean producing path, low-carbon ecological county construction path, carbon sink ecological village construction path, carbon forest construction path and carbon agricultural development path, etc.

In the process of county low-carbon economy development, one or more driving forces are used in different periods, which need coupling. In different driving mechanisms and different development conditions, county low-carbon development models focus on one or more main models and different models have connections. Different conditions and models of low-carbon economy development bring about different county low-carbon economy healthy development paths (or break points). Based on different county conditions in China, the research abstracts Runan County low-carbon industry development model, Laoling City industry structure low-carbon adjustment model, Zhenping County spatial structure optimizing experience, Shangshui County urban and rural spatial structure optimizing attempt, Xuwen County low-carbon ecological development model construction, Zhongmu County low-carbon leisure agriculture development exploration, Hualong County low-carbon ecological county construction model, Yuanjiang County carbon sink ecological village construction model, etc.

Key words: Urban County   Low-carbon Economy   Dynamic Mechanism Developing Pattern   Developing Path

目　录

第一章 引言

人类从诞生至今，先后经历了原始经济时代、农业经济时代、工业经济时代以及知识信息经济时代，各经济时代的经济制度、结构、观念、生产方式，尤其是核心科学技术等有着本质的差别，并形成与其经济时代相对应的原始经济形态、农业经济形态、工业经济形态和知识信息经济形态等。一个新的基本经济形态的形成往往需要经历若干个阶段，基本经济形态之间不会发生突变，因此，还存在一些过渡性的经济形态。

一 低碳经济提出背景

1787 年瓦特发明蒸汽机，使英国成为世界上第一个进入工业化的国家。尤其是第二次世界大战以来，随着工业化的快速推进，资源能源被大量开发利用，以二氧化碳、甲烷、氧化亚氮、氟利昂类物质为主的温室气体的排放量迅猛增加，大气温室效应进一步显现，全球气候呈现变暖趋势。气候变暖引起的极端天气现象不断增多、生物多样性快速减少等一系列生态环境问题进一步影响到人类的生产生活和全球经济社会的健康发展。

（一）二氧化碳等温室气体排放量大幅增加

从建立二氧化碳含量统计的 1750 年至 2010 年，全球大气中二氧化碳含量总计增长 36 个百分点，年均增速 1.5%。近年来，由于全球发展中国家工业化的快速推进，大气中的二氧化碳含量大幅度攀升。2013 年全球向大气中排放的二氧化碳已达到 361 亿吨，二氧化碳年排放量前 4 位的国家或地区依次为中国、美国、欧盟 28 国、印度，其排放量达到 208 亿吨，占全球二氧化碳排放总量的 57.62%（澎湃新闻，2014；见表1－1、图 1－1）。尤其是我国，近些年来尽管单位生产总值二氧化碳排放量大幅下降，但二氧化碳排放总量在快速增加，从 2005 年的 52.34 亿吨增加到 2013 年的 97 亿吨，年增速达到 8.02%（见表 1-2）。从人均水平来看，2013 年我国人均二氧化碳排放量也达到 7.4 吨，远超过世界平均水平。

表 1-1　2013 年全球主要国家或地区二氧化碳排放情况一览

	中国	美国	欧盟 28 国	印度	全球
二氧化碳排放量（亿吨）	97	52	35	24	361
占全球的比重（%）	27.00	14.40	9.70	6.65	–
位次	1	2	3	4	–

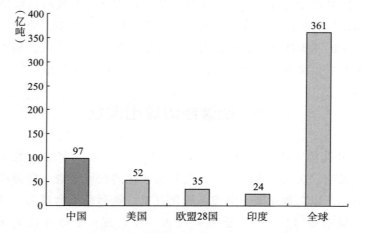

图 1-1　2013 年全球主要国家或地区二氧化碳排放情况示意

表 1-2　2005~2013 年中国二氧化碳排放情况一览

年份	二氧化碳排放量（亿吨）	二氧化碳排放同比增速（%）	二氧化碳排放年增量（亿吨）
2005	52.34	—	—
2006	57.40	9.67	5.06
2007	61.41	6.99	4.01
2008	63.32	3.11	1.91
2009	66.46	4.96	3.14
2010	71.28	7.25	4.82
2011	77.62	8.89	6.34

续表

年份	二氧化碳排放量（亿吨）	二氧化碳排放同比增速（%）	二氧化碳排放年增量（亿吨）
2012	81.02	4.38	3.40
2013	97.00	19.72	15.98

　　资料来源：①杨珍，2013。②2011年、2012年数据根据2011年和2012年年增长速度计算得出。③参考文献［1］。

　　二氧化碳等温室气体排放量的逐年大幅度增加，导致大气温室效应进一步增强，全球气候不断变暖。根据仪器记录，1860～1900年，全球气温平均上升0.75℃；特别是1979年以来，气候变暖趋势十分明显（陆地温度上升幅度约为海洋的2倍，陆地上升0.25℃，海洋上升0.13℃）。进入21世纪以来，最热单年纪录不断刷新（见图1-2）。

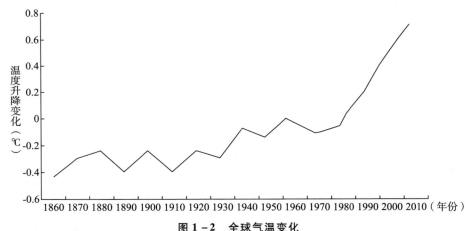

图 1-2　全球气温变化

　　资料来源：曹清尧，2012。

（二）全球气候变暖所产生的不利影响

1. 对海平面和海岸带的影响

　　依据全球气候变暖趋势，预计到2100年全球气温还将上升1.8℃～6.4℃。由于全球气候变暖使海平面上升18厘米，按照未来的气温变化趋势，预计到2030年海平面还将上升20厘米，至2100年海平面将上升65～100厘米。海平面上升首先会使沿海低地和相关岛屿被淹没，据模拟实验测算，若全球海平面上升30～50厘米，全球沿海国家70%的海岸线将被淹没，30多个海岛国家的生存发展将受到直接威胁。海平面上升引起海水倒灌，导致地下水位上升，继而造成土壤次生盐碱化，最终影响农业生产；海平面上升会影响水产养殖，港口设备和海岸建筑物会被损坏；海平面上升还会影响航运等。

2. 对冰川雪线的影响

据科学调查，20 世纪 60 年代以来高山地区雪线升高，全球被冰雪覆盖的面积已减少 10% 左右。与此同时，"四极"冰川也发生了明显变化。北极冰川范围缩小；南极边缘冰断裂逃离，2002 年南极半岛的"拉森 B"陆缘冰出现了大面积坍塌，35 天时间内损失冰川面积达到 3520 平方公里；乞力马扎罗山冰川面积已由 1912 年的 26 平方公里减小到 2000 年的 12 平方公里，《科学》杂志的研究报告预测其冰川到 2020 年将全部融化；喜马拉雅山冰舌底部海拔高度不断提升，东绒布冰川和中绒布冰川消融加剧，出现了明显的退缩，冰川底部海拔高度已由 20 世纪 50 年代的 5400 多米升高到 20 世纪 80 年代的 6500 米，升高了近 1100 米。冰雪覆盖面积快速减少不仅对河流补给造成很大的影响，而且也进一步减少了世界可用淡水资源的数量，影响人类经济社会环境健康发展。

3. 对极端天气的影响

大气温室效应增强，造成"厄尔尼诺现象"增强，导致极端天气事件日益频繁，给人类生命财产带来严重影响。例如，1998 年我国遭受的洪涝灾害死亡 3000 余人，倒塌房屋 497 间，经济损失近 2000 亿元。

4. 对生态系统的干扰

（1）严重影响人体健康。全球气候变暖直接导致部分地区极端高温天气持续时间长、出现频率高，致使患心脏病、呼吸系统疾病的人死亡比率大幅度提高，同时还引起某些传染性疾病传播，使一些疾病生成新的变异品种，并激活新病毒。例如，2014 年在西非四国（几内亚、尼日利亚、塞拉利昂、利比里亚）出现的埃博拉病毒。气候变暖改变极端天气的频率或强度，造成相关人员直接死亡、受伤、心理紊乱，公共健康设施破坏（洪涝、风暴）等。

（2）加速物种灭绝过程。不同物种有不同的适应能力，从而形成生态系统内部不同种群的竞争力。气候变暖可以使某些物种的栖息地增加，竞争力增强，种群数量急剧扩张，乃至出现泛滥的情况；与此同时，竞争对手和天敌无法适应相应的环境，竞争力减弱，种群数量快速减少，乃至从地球上消失。

5. 对人类经济活动的影响

（1）对农业的影响。气候变暖将使温度带（北半球）北移，使热带北缘的天然橡胶、咖啡等植物不再遭受冻害，使高纬地区作物生长季节延长，产量增加。与此同时，气候变暖将使热带干旱区土壤变干，温带谷物带农业病虫害加重、生产潜力不断下降、作物产量下降，除冲抵高纬地区的粮食增长量之外，还有较大幅度的下降。最终导致全球粮食总产量不断下降。

（2）对工业的影响。气候变暖减少了高纬地区供暖的能源消耗，但低纬地区和夏季的制冷能源消耗则更大，远超过高纬地区减少的能源消耗。与此同时，排放温室气体的工业活动将承受越来越多的政策性压力和税收负担，节水节能、耐高温耐干旱的培育技术将获得更为广阔的市场。

二　低碳经济的提出与发展

全球气候变暖已成为国际社会关注的焦点问题。英国是最早进入工业化的国家，深受历次经济危机的影响乃至重创。而在 1998 年的金融危机尚未结束之际，英国政府就已把发展低碳经济提升到国家战略高度，并将其视为未来竞争力的核心所在，力争占据全球经济社会发展的制高点。2003年英国政府明确提出"创建低碳经济"，要通过不断发展、应用和输出低碳技术创造新的商机和就业机会，到 2050 年把英国建设成为一个低碳经济国家，占据世界的先导地位。英国政府先后实施了低碳转型、低碳工业、低碳交通以及可再生能源开发利用的系列战略性文件（刘助仁，2010）。

与此同时，美国、日本、俄罗斯以及欧盟的其他国家和地区也在努力降低二氧化碳等温室气体排放量，明确将发展低碳经济作为未来经济社会的战略选择（刘助仁，2010；曹清尧，2012）。

三　中国低碳经济发展情况

我国二氧化碳排放量已跃居世界第一位，加之经济社会又处于快速发展过程中，节能减排任务极为艰巨。为此，我国政府先后颁布了气候变化评估报告、气候变化应对方案以及《国家环境保护"十一五"规划》（2007 年）、《国家环境保护"十二五"规划》（2011 年）和《中华人民共和国环境保护法》（2014 年修订）等一系列法规文件，明确提出要大力发展新能源技术、提高能源利用效率、积极开发替代能源，明确提出环境保护的具体目标——2011 ~ 2015 年化学需氧量排放总量减少 8%、氨氮排放总量减少 10%、二氧化硫排放总量减少 8%、氮氧化物排放总量减少 10%，2020 年我国单位生产总值二氧化碳排放量比 2005 年下降 40% ~ 45%。2010 年国家发展和改革委员会确定在 5 省 8 市开展低碳试点工作。

第二章　国内外研究述评

自 2003 年英国政府文件首次出现"低碳经济"以来，低碳经济已经成为各国政府和专家学者关注的热点问题。从区域角度看，低碳经济发展不是简单的二氧化碳等温室气体排放量的降低，而是区域发展模式的全新改变。从国家全局层面看，县域既是我国经济社会发展的基本单元，也是我国经济增长方式转变的难点和关键点，县域发展必须通过法规制度创新、低碳技术创新、高碳产业转型、清洁能源开发、空间结构优化等方式，实现以低投入、低消耗（低能耗）、低排放、低污染、高增长为基础的低碳经济的发展。从长远发展战略看，县域发展必须及时构建低碳经济发展机制、积极培育低碳经济发展模式、选择确定低碳经济发展路径，这样既可以减少碳排放、增加碳汇，积极承担环境保护责任，又可以调整优化经济结构、转变经济增长方式、发展低碳产业、建设生态文明，顺应世界经济社会发展趋势，占领经济发展制高点。因此，研究探析县域低碳经济发展具有重要意义。

一　国外研究现状述评

1992 年《联合国气候变化框架公约》和 1997 年《京都议定书》均涉及温室气体减排问题。2003 年以来，西方发达国家（地区）相继将低碳经济发展提升到国家发展战略的高度，通过建立完善低碳法规制度、研发推广低碳技术、开发利用清洁能源、及时推行高碳产业低碳化、大力发展循环绿色生态经济、不断形成低碳生活理念等对策措施，推动其低碳经济的发展，以便继续控制世界经济社会发展的核心技术。

低碳经济是相对于现有的"高碳经济"而言的，是一个相对的概念。2006 年，世界银行前首席经济学家尼古拉斯·斯特恩呼吁全球向低碳经济转型。国外低碳经济理论研究主要是建立在自然规律基础上，依据地球物质循环原理，特别是碳循环和碳平衡原理，预测推算各种公共工程、商业活动等经济社会发展过程中的碳排放情况以及碳预算收支情况，以获得整个社会最大产出为前提，把人类经济活动对碳排放的影响作为研究重点和热点，并在二氧化碳等温室气体排放方式、排放过程以及碳循环状态等方面取得重大突破，继而鼓励通过发展低碳经济来解决全球气候变暖问题。西方学者对低碳经济的研究主要集中于以下七个方面。

1. 低碳经济诠释

低碳经济的内容主要包括两个方面。一是能源消费与碳排放研究。主要以开发利用新能源、调整优化能源结构、构建低碳减排体系为基础，对二氧化碳等温室气体排放总量逐步减少的目标进行系统研究。二是经济发展与碳排放研究。对产业发展方式、经济发展阶段、经济发展模式、经济发展速度与二氧化碳等温室气体排放之间关系进行相应的研究。

2. 农业生产与碳排放研究

对现代农业生产条件下，农林牧渔业及其内部的结构变化、土地开发利用方式变化等与二氧化碳排放之间关系进行了研究。

3. 工业生产与碳排放研究

包括工业经济可持续发展路径研究（Tohru Morioka et al.，2006），产业生态环境研究（Jack T.，2009；Damon Anderson，2008），温室气体减排、可再生能源利用研究，以及低碳经济发展研究等方面。

4. 区域低碳经济发展研究

主要包括国家层面的低碳经济发展研究，以及城市层面的低碳城市建设研究（Edward L. G.，2008）。

5. 低碳经济发展技术支撑研究

主要是低碳技术研发及推广应用等（Hiroaki Takiguchi et al.，2009；S. Kobayashi et al.，2009）。

6. 低碳经济发展对策研究

主要包括建立碳交易市场，构建碳补偿机制（K. Backstrand，2006；M. M. Betsill，2006），实行碳税体系（S. Giblin et al.，2009）等。

7. 低碳经济研究方法

主要有相关性分析、区域对比分析以及综合模型分析等。综合模型分析方法又分为能源消费与碳减排经济关联模型、碳循环能源模型、动态综合评估模型等。斯特尔（2006）认为应对全球气候变暖的关键是确立碳定价机制、实现技术政策支持和建立全球体制。兰德斯（2007）认为节能减排主要通过提高能效（如建筑、交通节能等）、可再生能源替代化石能源、投资碳捕捉和碳储存、增加森林碳汇、加大宣传力度、推广低碳技术等措施予以实施。多德维尔（2007）则认为，发展低碳经济需要政府对碳减排进行严格监测、对碳减排目标信号进行引导和开展低碳技术的国际交流等（曹清尧，2012）。

由此可以看出，国外学者对低碳经济发展进行了全面研究，尤其是对低碳技术及其推广应用的研究较为深入，成果较多。然而，对县域尺度的低碳经济发展机制、模式等的研究相对较少，在低碳经济模式提炼与推广、现代工农业减碳、低碳生产生活理念形成等方面还存在一系列问题。国际上认为的低碳经济主要包括提高能效与节能、优化能源结构、调整产业结构、增加碳汇、低碳技术创新、社会生活低碳化等。西方发达国家是低碳经济的倡导者，低碳技术先进、资金实力雄厚、新能源开发已具有一定基础，低碳理念已被政府官员、社会民众所接受，较早开始低碳理论政策研究，碳减排、碳交易等游戏规则的制定修改均处于领先地位，等等。西方发达国家提出的碳减排总量目标是根据其自身实际情况确定的，并不能完全适用于世界上的其他国家。发展中国家处于相对落后的经济发展阶段，其历史碳排放总量与人均碳排放量远低于西方发达国家，在承担碳减排义务上应与西方国家有一定的差别。然而，低碳发展已成为当今世界的发展趋势，发展中国家必须依据比较优势走出一条具有自身特色的低碳发展之路。

二　国内研究现状述评

我国专家学者对低碳经济发展也极为关注，对低碳经济进行了较为深入的研究，主要表现在以下四个方面。

1. 对发达国家低碳经济研究进行介绍

专家学者们认为低碳经济是在大气温室效应增强以及全球气候变暖问题日趋严重的背景下提出的，低碳经济作为一种新的发展模式必将形成一种新的产品质量测定标准和一种新的价值衡量标准，必将催生新一轮的科技革命，最终形成全新的经济格局。低碳经济理论主要包括生态足迹理论、脱钩发展理论、环境库兹涅茨曲线理论、"城市矿山"理论等（冯之浚等，2009；刘再起等，2010；许涤龙等，2010；尹希果等，2010）。

2. 区域低碳经济发展研究

（1）我国低碳经济发展背景、面临困难、可能途径、潜力分析、对策建议（王克群，2009；李建建等，2009；赵玉敏，2009；陈晓春等，2010；袁富华，2010）。专家学者（赵建军，2009）认为低碳经济时代已经到来，但我国仍然面临着高能耗、高排放的制约，以煤为主的能源结构，产能相对落后的以工业为主体的经济结构，整体科技水平落后，低碳生活理念尚未形成等瓶颈制约。为此，要积极开展低碳经济科技示范，积极探索低碳经济发展模式，构建适应低碳发展的法规制度，构建低碳视域下的文化价值观。

（2）低碳经济技术范式。王文军（2009）认为低碳经济发展要采用源头控制、过程控制、目标控制有机结合的范式，这种范式体系是对循环经济的改进、深化和创新，其体系开发的主要内容包括技术、制度与公众参与等，做好产业结构调整、加大研发力度、开展国际合作、加强宣传引导是实现低碳经济全面发展的有效途径。

（3）低碳经济发展模式（付允等，2008；胡鞍钢，2008；金乐琴、刘瑞，2009；王多云等，2010）。付允从宏观、中观和微观层面对节能减排方式以及低碳经济发展方向进行了深入研究，提出了化石能源低碳化、建立碳交易机制等政策措施。胡鞍钢认为我国低碳经济发展潜力巨大，应在低碳产品生产、碳交易平台建设、外贸产品结构调整等方面保持经济发展的比较优势。金乐琴等主要对碳税、碳交易、低碳经济试点区等进行了相应的研究，并提出对策建议。

（4）低碳经济评价。相关学者（胡大立等，2010）从低碳经济内涵及产业链路径出发，遵循系统优化与层次化相结合、科学性与可行性相结合、全面性和代表性相结合、动态性和稳定性相结合、定性分析与定量计算相结合等原则，构建了低碳经济评价指标体系，具体包括目标层、准则层、指标层三个层次，共计 6 个子模块和 20 个指标。还有学者对低碳经济发展进行相应的评价（谭丹、黄贤金，2008；许涤龙等，2010）。

（5）低碳经济发展战略（赵志凌等，2010；张正斌等，2011；刘慧等，2011；刘卫东等，2010）。学者熊焰认为，中国是一个发展中大国，必须走低碳转型之路，根据低碳转型的"受迫性"、自愿性、全面性、收敛性和"渐进性"等相关特质，因地制宜地、科学合理地确定低碳转型路径。

（6）低碳城市评价与规划建设（顾朝林，2008；戴亦欣，2009；付允等，2010）。相关学者（毕军）在总结低碳城市内涵、国内外低碳城市建设现状的基础上，重点从物质流视角分析了低碳城市建设路径——能源低碳化、生产低碳化、消费低碳化和排放低碳化，提出了低碳经济与低碳社会有机结合、建立国家地区城市低碳数据库、明确低碳城市内涵与评价指标、积极开展科技创新、合理引导产业发展、政府企业居民多方参与低碳城市建设等对策建议。

3. 行业低碳发展研究

行业低碳发展研究主要包括：低碳经济与工业结构优化升级（丁永波，2011），低碳经济与农业发展（赵其国等，2009；许广月，2010）。相关学者认为低碳农业是发展低碳经济的重要组成部分，中国要根据低碳农业发展的实际情况，科学确立低碳农业的减源型和增汇型发展模式，积极进行低碳乡村建设，明确低碳农业发展路径，顺利实现由高碳农业向低碳农业的转型目标，等等。

4. 低碳经济发展实践

广东、湖北、上海、天津、重庆等地已着手开展低碳实验经济区、低碳省和低碳城市建设等工作（林宏，2009），国家发展和改革委员会已要求上述省市将低碳试点方案纳入本地"十二五"规划。

三　研究意义

国内外专家学者对低碳技术研发与推广应用，全球尺度、国家尺度、省域尺度乃至城市尺度的低碳经济发展，碳补偿机制与碳税体系构建等进行了较为深入的研究，而有关县域尺度的低碳经济发展机制构建、发展模式与路径选择等的研究成果较少，缺乏系统性研究。低碳经济时代来临对我国县域发展来说既是机遇，也是挑战。县域低碳经济发展机制、模式与路径研究具有重要的理论意义和实践价值。

县域低碳经济发展机制、模式与路径研究涉及县域新能源开发与能源高效利用、科技与制度创新、工农业与第三产业发展方式转变、产业结构调整、空间结构重组、生态环境演变、区域协调发展等诸多方面，不仅对经济学、地理学、生态学、资源环境经济学等学科理论建设与学科发展有重要意义，而且也有利于指导我国最基本的经济单元——县域健康协调可持续发展。

第三章　国外低碳经济发展经验借鉴

2003 年英国成为世界上第一个提出发展低碳经济战略的国家，目前其低碳经济发展已取得明显成效，已形成明确的低碳经济发展战略思路和支持低碳经济发展的政策体系。欧盟、美国、日本、俄罗斯等国家（地区）积累了许多较好的实践经验，为我国县域低碳经济发展提供了宝贵的经验借鉴与启示。

一　国外低碳经济发展模式

欧盟、美国、日本、俄罗斯立足自身实际情况，对低碳经济进行了富有成效的创新，已经形成比较成熟的各具特色的低碳经济发展模式。俄罗斯传统产业实力雄厚，在资金、科技、创新等因素影响下，低碳经济发展也取得了一定的成效（曹清尧，2012）。国外低碳经济发展模式为我国县域低碳经济健康发展提供了经验借鉴。

（一）欧盟国家（地区）的政策激励型发展模式

欧盟国家（地区）作为世界上最早实现工业化的地区，对历次工业革命所产生的环境污染问题认识最为深刻。例如，伦敦地区的烟雾事件。欧盟国家（地区）能源资源赋存贫乏，多次石油危机造成的能源价格飙升，以及俄罗斯与乌克兰等国家的能源纠纷，长期困扰着欧盟国家（地区）的持续发展。鉴于这些原因，欧盟国家（地区）长期坚持节能减排行动，客观上促进了欧盟国家（地区）政策激励型低碳经济发展。2003 年英国政府首先提出"低碳经济"，欧盟其他国家（地区）相继跟进，根据其自身实际情况制定出台了促进低碳经济发展的相关法规政策和低碳经济发展目标，引导促进实体经济、金融经济、家庭生活、公共活动等诸多方面及时进行产业转型、产品升级，支持低碳经济发展，不断形成低碳理念，促进低碳经济发展。欧盟国家（地区）已初步形成"政策激励型低碳经济发展模式"。

欧盟国家（地区）在出台系列低碳激励政策时，善于利用其已有的环保经验，充分发挥环境保护与经济发展过程中的科技、品牌等优势，以国家政府名义增加阶段性削减碳排放目标，引导企业等经济实体不断提升产品的环保质量，并形成新的产品环保标准（欧盟标准），使欧盟国家（地区）在世界环境保护治理过程中掌握主动权。

欧盟国家（地区）制定出台的一系列低碳发展政策主要包括以下三个方面的内容。

1. 温室气体排放交易激励机制

欧盟温室气体排放交易机制（EU-ETS）认为，大气容纳二氧化碳等温室气体有一极限，超出这一极限，大气温室效应增强，导致全球气候变暖，引发一系列环境问题与自然灾害，影响人类经济社会发展。人类生产生活应根据温室气体排放权的稀有程度形成灵活的市场价格，进行市场交易，以此促进企业等经济实体不断进行低碳技术创新，节能减排，遏制气候变暖趋势。

EU-ETS 在实施过程中主要遵循以下三个方面的原则。

（1）"共同但有区别的责任"原则，有差别地将欧盟的总体二氧化碳等温室气体减排任务分解到各个成员国（地区）。

（2）制定"国家排放计划"，并以法定通过为准落实到具体的企业等经济实体中，严格实施产业减排计划。

（3）碳减排配额公平交易，进一步提高企业对环保、节能、减排的重视程度，促使其不断增加节能减排的科技投入，加大低碳技术研发，自觉进行产业转型与产品升级，自觉减少二氧化碳等温室气体排放，客观上促进产业改造、产业转型和产品升级，推动行业碳排放量不断下降。

2. 能源激励政策

欧盟国家（地区）从发展低碳经济出发，致力于改善能源结构状态，并从能源供求关系上完善激励政策，引导企业等经济实体着力开发生物质能、风能、太阳能等清洁能源，减少各类温室气体排放。

（1）出台低碳能源市场激励政策。建立 EU-ETS，实施《能源效率行动计划》，修改《燃料质量指令》，等等。

（2）采取低碳能源价格激励措施。欧盟国家（地区）采用市场配额制、代理招标制、保护价强制收购等多项价格激励措施，以确保低碳能源进入市场并得以推广应用。

（3）实行热电联营激励制度。欧盟先后出台并实施了 2004/8/EC 号指令、2005/32/EC 号指令等，为热电联营提供制度保障。

3. 交通运输激励政策

根据商品运输量日益增长、主要国家交通运输部门能源消耗量同步增长的不利情况，欧盟（地区）制定了交通运输激励政策：出台新的汽车排放标准，颁布汽车效能分级管理政策，设立机动车排放税费政策，制定新能源燃料资助政策，发展可再生燃料和动力推进系统，不断推进交通运输部门的低碳化发展（曹清尧，2012）。

（二）美国的市场主导企业决策型模式

美国是世界上最主要的二氧化碳等温室气体排放国之一。因其自身条件与欧盟国家（地区）有着本质差别，美国在应对全球气候变暖问题上既不积极，也不落后，但始终将能源安全作为保持国家长期繁荣的战略政策。在低碳经济发展过程中，美国强调市场的主导地位，通过完善低碳经济政策，由市场主体的企业自行决策发展低碳产业，进而推动国家低碳经济发展。

1. 制定完善的市场经济鼓励政策

制定出台《美国新能源计划和气候政策》，全力将经济以及产业重心调整到低碳经济方向；颁布《美国复苏与再投资法案》，使低碳发展项目成为经济刺激计划中的重要一部分，推动节能减排低碳技术研发，促进低碳经济发展。

2. 颁布实施市场主导的法律法规

在低碳经济发展领域，美国政府颁布实施了《低碳经济法案》、《清洁空气法》、《能源政策法》和《美国清洁能源与安全法案》等，设定二氧化碳等温室气体减排时间表，建立温室气体总量控制与交易制度（2007年）、其他地区温室气体排放倡议（2008年）、可再生能源比例标准（RPS，2007年）、可再生燃料标准（RFS，2007年）、机动车温室气体排放标准（2009年）等，为市场主体——企业经济实体的决策提供了法规制度保障，促进企业经济实体自觉地节能增效、开发新能源、应对气候变化，促进美国经济及时进行低碳转型。

3. 出台推动市场主体的国家投资计划

2009 年，美国政府、国会相继出台《美国复兴和再投资计划》《美国复苏与再投资法案》，联邦政府经济复兴计划投资总额达到 7870 亿美元，主要用于新能源的开发利用，以此推动低碳技术研发与标准化应用，促进美国特色的低碳经济发展。

4. 法制化市场主体之间的碳贸易体系

出台《美国清洁能源与安全法案》，使碳排放权和交易体系机制法制化，提出高耗能工业部门温室气体排放额将逐步减少，超额排放需要购买排放权等措施（任力，2010；陈小娇，2011）。

（三）日本的政策规划企业主导型模式

日本经济发展中 95％ 的资源能源依靠海外，其中 50％ 左右为能源进口。20 世纪 50 年代日本饱尝环境污染的苦果。20 世纪 70 年代日本开始对原有经济发展模式进行反思，以探索解决之道，逐步形成政府政策规划企业主导的低碳经济发展模式。

2006 年，日本经济产业省颁布了《新国家能源战略》：首先是大力发展节能技术，修改节能基准；其次是大力发展太阳能、风能、燃料电池以及植物性燃料等新能源；最后是在研发新一代原子能发电设施、大力推进新能源的国际合作和培育日本自己的核心石油开发企业等方面推行新能源战略。为此，日本政府相继出台了一系列规划计划，主要包括以下几点。

（1）2008 年，经济产业省发布《清凉地球能源创新技术计划》，综合科学技术会议公布了《低碳技术计划》，环境省公布了《构建低碳社会的 12 项行动》，全球气候变暖对策推进本部第 21 次会议通过了《构建低碳社会行动计划》，以及日本首相的《福田蓝图》，等等。

（2）2009 年，环境省的《绿色经济与社会变革》的政策草案，自民党的《推进低碳社会建设基本法案》，等等。

在日本政府规划蓝图下，日本企业等经济实体开始了产业结构调整，削减和转移高能耗产业，启动新能源应用研发，成为低碳经济发展的主体力量。日本太阳能利用设备制造出口在全球市场所占份额以及技术支撑等方面均占主导地位。2007～2012 年日本投入近 2100 亿日元用于开发清洁能源汽车技术，成为世界交通低碳化的引领者，并为日本未来经济发展注入新动力。

（四）俄罗斯的能源转型模式

2004 年 11 月，俄罗斯正式履行《京都议定书》规定的减排责任，将低碳发展全面纳入国家战略。俄罗斯首先选择具有比较优势的能源行业进行低碳转型，构建新型低碳产业链，以确保能源出口这一优势的进一步发挥。

为抢占未来能源战略的制高点，2003 年俄罗斯政府出台了《2020 年前俄罗斯联邦能源战略》，2009 年又提出了《2030 年前俄罗斯联邦能源战略》，全面制定俄罗斯能源转型战略规划。

与此同时，俄罗斯联邦政府先后颁布并实施了《俄罗斯联邦节能法》《俄罗斯联邦天然气出口法》《外资对战略经济领域的准入法》《俄罗斯联邦关于节约能源和提高能源利用效率法》等，不断完善能源转型法律体系。俄罗斯政府在国家与地方两个层面先后出台一系列行动方案和具体的节能计划，共同推动低碳经济发展。

二 国外低碳经济发展经验借鉴与启示

英国、欧盟、美国、日本等发达国家（地区）在低碳经济发展方面已经形成较为成熟的发展模式，这为我国县域低碳经济发展提供了有益的借鉴与启示。

（一）国外低碳经济发展的有益借鉴

1. 明确低碳经济发展方向

无论是工业化较早、曾经深受环境污染之害、资源能源约束明显的欧盟国家（地区）、日本等，还是资源能源丰富、科学技术先进、经济实力雄厚的美国，都先后把低碳经济发展作为未来本国（地区）经济社会发展的方向，以便占领未来世界经济社会发展的制高点，提升国家乃至企业等经济实体的竞争力，获得相应的主动权。

2. 侧重点不同的低碳发展模式

不同的国家与地区，因其自身的自然条件、资源能源条件、经济社会发展基础、科学技术水平等的不同，在低碳经济发展过程中的比较优势也有着明显的不同。因此，欧盟国家（地区）侧重于政策激励，美国侧重于市场主导，日本则选择了政策规划企业主导型低碳经济发展模式，俄罗斯则首先从具有比较优势的能源产业着手进行低碳转型。

3. 政策法规导向与市场调节机制的有机耦合

无论是欧盟国家（地区）的政策激励、美国的市场主导，还是日本的政策规划企业主导型、俄罗斯的能源转型，其低碳经济发展过程中都需要相应的国家低碳政策法规制度做保障，都需要市场机制对能源资源进行优化配置，都需要企业这一经济实体的规范积极参与，都是国家政策导向、法规制度约束、市场有效调节、企业积极参与的有机耦合。只有各方面的有机耦合，最终才能有效推动符合本国国情的低碳经济发展模式的健康发展。

4. 经济社会环境的协调发展

低碳经济概念的提出背景是全球气候变暖问题日益突出、资源环境问题日趋严峻。低碳经济发展需要全人类社会的低碳生产生活理念的有效支持，需要健全完善的低碳政策法规制度的有效支撑。因此，低碳经济、低碳社会和良好的生态环境之间是一个相互依赖、互促互进的有机整体，其间必须协调发展，决不能以牺牲资源环境为代价来获得暂时的经济社会繁荣，牺牲资源环境无异于杀鸡取卵，必须以经济社会环境的综合效益最佳为目的，促进经济社会的健康发展与长期繁荣。

（二）国外低碳经济发展的主要启示

发展低碳经济已经成为当今人类社会应对气候变化、实现经济社会环境健康可持续发展的重要选择。改革开放以来，我国经济社会快速发展，化石能源消费与资源消费快速增长，二氧化碳排放量已经跃居世界第一位。二氧化碳排放量的快速增长充分说明了我国当前的"高投入、高消耗、高排放、高污染"的传统发展模式是不可持续的，同时也为我国推动低碳经济发展提供了契机。发展低碳经济有助于我国科学发展、建设环境友好型社会、转变经济增长方式、实现可持续发展战略的有序推进。英国在低碳经济发展过程中扮演先行者和推动者的角色，美国在新能源开发、低碳技术研发和制度创新方面的积极参与的态度，俄罗斯优先在其优势行业能源产业方面进行低碳转型等，为我国乃至地方（县域）推进低碳经济发展提供了有益启示，主要表现在以下六个方面。

1. 明确低碳经济发展战略

21 世纪初期以来，我国相继颁布了《可再生能源法》（2005 年），《气候变化国家评估报告》（2006 年），《节能减排综合性工作方案》（2007 年），《应对气候变化的政策与行动》白皮书（2008 年），《循环经济促进法》（2009 年）等法规政策，说明低碳经济发展已经上升到国家的战略高度。要把低碳经济发展纳入国家乃至地方（县域）的"十三五"规划纲要，并在可再生能源发展、产业转型升级、低碳工业、低碳农业、低碳交通、低碳建筑、低碳金融、低碳生活等领域制定相应的规划，推动地方（含县域）低碳经济的发展。

在确定低碳经济发展总体战略目标时，要充分考虑我国的实际情况，以及各个省、市、县的具体情况、所处的经济发展阶段等。各省、市乃至各县级政府部门在确定低碳经济发展战略时，也要以上位低碳经济发展战略和自身的实际情况为基础，采取相应的具有可操作性的对策措施，实现各自的低碳经济发展和碳排放总量的相对下降与绝对下降。

2. 健全低碳经济法规体系

国家层面要围绕低碳经济发展战略，及时制定出台《低碳经济法》，进一步修改和完善涉及能源、环保、资源等方面的法律法规，健全低碳经济法规体系。及时制定出台适合我国低碳经济发展的财税政策和产业政策，最终形成完善的低碳经济法规政策体系，为地方（县）政府制定出台相应的细则提供强有力的法律依据。

地方（县）政府要综合运用国家层面的法规制度等政策体系，制定出台相应的实施条例或细则，引导企业等实体经济及时进行产品升级改造，不断加大低碳技术研发投入，进一步加强低碳产品研发投入，积极调整能源结构，进而推动产业结构转型升级，逐步形成全方位的低碳经济产业体系，形成资源节约型、环境友好型社会，最终促进区域（含县域）乃至国家经济的健康发展。

3. 构建低碳经济管理体系

以低碳经济发展战略为依据，制定行业、区域（含县域）低碳经济发展规划，包括低碳经济发展的近期目标、中远期目标。在此基础上，形成集政府管制、市场调节、法规约束于一体的低碳经济发展管理体系。

4. 着力推进低碳技术研发

国外低碳经济发展的实践过程告诉我们，低碳技术研发及推广应用是低碳经济发展的突破口。低碳技术研发与推广应用有利于能源资源的高效利用，有利于推动能源结构调整，有利于促进产业结构升级，通过降低传统化石能源资源的使用比重，增加可再生资源以及清洁能源等在经济社会发展中的比例，促进县域低碳经济可持续发展。

5. 试点碳交易市场体系

我国已经建立了北京环境交易所、上海环境能源交易所、天津碳排放权交易所、深圳碳排放权交易所、广州碳排放权交易所、湖北碳排放权交易所、重庆碳排放权交易所等；2014 年 12 月又出台了《碳排放权交易管理暂行办法》，并于 2015 年进行试点后全面推行。碳交易市场的建立将为优化能源资源配置奠定良好的基础。

6. 推进国际化低碳合作

从低碳经济概念的提出开始，低碳经济发展始终都是国际相互合作的经济发展，各国将产生广泛的技术创新合作、产业发展合作、知识产权合作、温室气体治理合作等。

中国作为世界上最大的发展中国家，一方面我们要积极参与国际化低碳合作交流，以争取更大的发展空间；另一方面要充分借鉴国外发展低碳经济的先进理念，加快研究制定低碳经济发展战略，加快产业转型升级步伐，结合环境友好型、资源节约型"两型"社会建设的要求，建立健全具有中国特色的低碳经济发展法规体系，引导社会向低碳化转型，引导县域低碳经济健康发展。

第四章　县域低碳经济发展的
理论基础

在县域低碳经济发展过程中，除了借鉴国外发达国家与地区的发展低碳经济的经验之外，还必须有相应的理论基础做指导，以便科学有序地推动我国县域低碳经济健康可持续发展。

一　低碳经济

2003 年英国政府率先提出"低碳经济"一词，其后一些专家学者对低碳经济进行了多方面的阐释。综合各方面的观点，我们认为低碳经济是以碳循环理论为基础，以生态足迹理论、环境库兹涅茨曲线理论、脱钩发展理论、可持续发展理论为指导，以低碳科技创新为支撑，以低碳法规制度完善为保障，以产业转型升级、集群集约发展为载体，以绿色生态发展为主要内容，以清洁能源利用为动力，以空间结构优化为手段，全面减少传统化石能源资源消耗，走以低能耗、低排放、低污染、高增长为特征的发展道路，最终实现经济社会环境健康协调可持续发展的一种"多赢"目标的经济发展模式（曹清尧，2012）。

（一）低碳经济内涵

低碳经济是工业革命之后的又一次产业革命，它告别了传统经济发展模式下的高能耗、高排放、高污染和低增长，实现了能源资源的高效利用、二氧化碳等温室气体的减排或零排放、生态环境的低污染（生态环境可承受范围内）或零污染以及低碳经济发展模式下的高增长（见图4–1）。

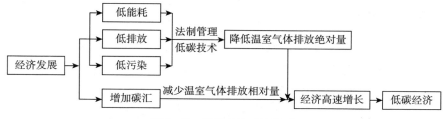

图 4-1　低碳经济内涵示意

1. 低能耗

工业革命以来，传统经济发展模式下的高能耗致使二氧化碳等温室气体排放大幅度增加，大气温室效应进一步显现，全球气候变暖，严重影响人类生产生活和经济社会的健康发展。为应对全球气候变暖，必须改变传统的以大量消耗化石能源为主的经济增长模式，实现以低碳科学技术创新为支撑的经济高速增长，全面降低单位经济总量的能源消耗和单位能源的碳排放强度，达到严格控制不断增长的二氧化碳等温室气体排放量的目的。低碳经济是目前最可行的、可量化的可持续发展模式。

2. 低排放

低排放意味着能源资源的高效利用以及清洁能源的广泛应用，意味着以可再生能源为主的多元化能源结构体系的逐步形成，意味着二氧化碳等温室气体废弃物排放量的大幅度减少，甚至出现零排放。真正实现"脱钩发展"。

3. 低污染

为应对全球气候变暖而形成的一系列低碳科技创新，其目的就是进一步提高化石能源资源的利用效率，进一步加快清洁能源的开发、应用与推广，以摆脱人类现代化进程中经济社会发展的高碳化倾向，以减少二氧化碳等温室气体排放总量，实现经济社会发展对地球生态环境的低污染（生态环境承载范围之内）或零污染，推进低碳经济健康发展。

4. 高增长

人类在发展，社会在进步。只有经济社会的健康可持续发展，才能满足人们日益增长的高质量的需求。因此，发展低碳经济既要强调低碳，减少二氧化碳等温室气体排放总量，减少单位经济产值的碳排放量，又要强调经济发展，在低碳化过程中实现经济的高速增长，经济的持续健康快速发展是低碳经济发展的最终目的。

（二）低碳经济外延

低碳经济外延主要包括低碳产业、低碳工业、低碳农业、低碳城镇、低碳乡村、碳源碳汇等诸多方面（见图4-2）。

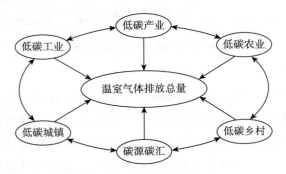

图4-2　低碳经济外延示意

1. 低碳产业

主要是通过提高行业（产业）市场准入门槛（标准），限制高碳产品（产业）进入，实现低能耗、低排放和控制污染的目的。技术知识密集型产业、现代服务业以及旅游业等均属于低碳产业的范畴，这是产业结构转型升级的主要趋势，也是产业结构高级化的主要发展方向。西方发达国家的低碳产业在生产总值构成中已占据主要地位，已经实现了低碳经济的健康发展。因此，就我国低碳经济发展而言，尤其是在县域低碳经济发展过程中，必须大力发展低碳产业，不断优化产业结构，加快产业转型升级步伐。

2. 低碳工业

传统工业发展模式是在以化石能源为主的能源结构基础上形成的一整套高碳工业体系。实践已证明，高碳排放的传统工业发展模式难以为继。然而，重化工阶段是一个国家或地区经济健康发展过程中的必经阶段。因此，发展中国家在工业化初期乃至中期的一定时期内能源结构难以有颠覆性变化。

西方发达国家拥有较强的科技实力、经济实力，但其低碳工业发展也是"渐进式"推进，以确保已有的制造业优势。

我国县域低碳工业在发展过程中面临更多的困难，必须通过产业结构转型升级，逐步淘汰高能耗、高排放与高污染的"三高"产业，不断提高行业（产业）的市场准入门槛；同时根据自身情况，集中比较优势，以合理的财税激励政策和产业政策引导企业等经济实体和社会资金投入到低碳工业项目建设中，逐步形成具有自身特色的低碳工业体系。

3. 低碳农业

传统农业发展是建立在化石能源大量投入的基础上，即通过大量使用化肥、农药来提高农产品产量，在此过程中产生了一系列的生态环境问题。因此，发展低碳农业就是要通过农业结构调整，耕种模式整合，最大限度地实现农业资源的循环综合利用，进一步提高农业资源利用效能，充分利用农业生态系统中的各类生物质能源，以形成低碳农业的能源支柱，全面降低各类化肥和农药的使用量，最终促进低碳农业以及碳汇农业的健康可持续发展。

4. 低碳城镇

城镇是从事非农产业（第二、第三产业）居民的聚居地，在建筑景观、文化景观以及生态系统等方面与乡村有着本质的区别。因此，低碳城镇不仅要注重第二、第三产业的低碳化，还要注重产业之间、经济社会环境之间各环节低碳化的有机衔接，最终形成城镇综合运行过程的低碳化。

5. 低碳乡村

乡村主要是从事第一产业居民的聚居地，在建筑、文化、生态等方面形成了独特的乡村田园景观。低碳乡村不仅要注重高碳农业的低碳化改造以及碳汇农业发展，而且要注重低碳空间、低碳建筑、低碳交通、低碳社会文化等诸多内容的发展。

6. 碳源碳汇

低碳经济发展包括二氧化碳等温室气体排放的相对减少与绝对减少。发展低碳经济就是要实现"减法"和"加法"两条腿走路。减少二氧化碳等温室气体排放总量就是要做好"减法"，增加森林碳汇、农业碳汇就是要做好"加法"。"碳汇"（Carbon Sink）包括森林碳汇、农田碳汇、产业碳汇、生态碳汇等诸多方面。在应对全球气候变暖的实践过程中，碳汇越来越受到各国、各地区的重视和关注。增加"碳汇"在一定程度上就是减少工业碳源二氧化碳等温室气体的排放量。环境就是生产力，植树造林，扩大森林面积，强化生态保护，就是减少二氧化碳等温室气体排放绝对量的有效途径之一。

（三）低碳经济与生态经济、绿色经济、循环经济的区别与联系

它们的区别主要是发展经济的视角不同、侧重点不同，所追求的和强

调的重点不同，但在一定程度上具有异曲同工之目的，即经济社会环境的协调健康可持续发展（杨芙蓉，2009；张洋，2012）。

二 碳循环理论

（一） 碳循环过程

大气中的二氧化碳被各类植物所吸收，然后通过生物过程、地质过程以及人类活动，又以二氧化碳的形式返回大气中。即完成自然界的碳循环过程（见图4-3）。

（二） 碳源与碳汇

碳源是指二氧化碳从地球表面进入大气的过程、活动或机制，或大气中的其他物质经过化学过程转化为二氧化碳。碳汇则是指从大气中清除二氧化碳的过程、活动或机制（见图4-3）。"碳汇"主要包括森林碳汇、农田碳汇等。

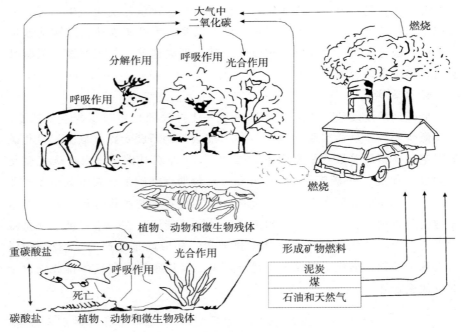

图4-3 碳循环过程

资料来源：何强等，2004。

与碳汇密切相关的就是碳汇交易、碳汇市场和碳汇交易平台。目前，世界上最主要的碳汇交易平台主要有以下几个。

（1）芝加哥气候交易所（CCX）。"用市场机制解决环境问题"是其核心理念，现有会员约 200 个，主要开展二氧化碳、氧化亚氮、甲烷、六氟化硫、全氟化物、氢氟碳化物 6 种温室气体交易，涉及汽车、航空、交通、环境、电力等数十个行业。

（2）欧盟温室气体排放交易机制（EU – ETS）。

（3）我国也相继在北京、天津、上海、广州、深圳、湖北、重庆等地建立了相应的温室气体交易机构。

三 产业结构演进升级理论

一个国家或一个地区的低碳经济发展过程，实际上就是该国或该地区根据自身条件依据低碳经济理念推进产业结构不断优化转型升级的演进过程。

（一）产业结构

1. 产业

产业，是指具有某种同类属性的经济活动的集合或系统。目前，我国政府统计部门现行的产业统计采用的是三次产业划分法。

2. 产业结构（Industrial Structure）

产业结构（Industrial Structure），顾名思义，就是研究各产业之间的联系与构成比例关系（罗仁会，2004）。

（二）产业结构演进升级理论

1. 工业生产生命循环阶段论

1968 年，美国哈佛大学弗农（Vernon，Raymond）等提出工业生产生命循环阶段理论。该理论认为各工业部门、各工业产品在其发展过程中必须经历创新、发展、成熟、衰老四个阶段。兴旺部门或产品的产生逐步取代衰退的部门或产品，循环往复，实现产业或产品的不断升级（见图 4 – 4）。

在此基础上，区域经济学者创造性地提出了区域经济梯度转移理论。

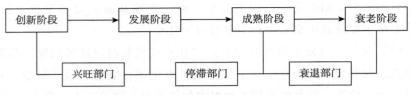

图4-4 工业生产生命循环阶段理论

即在一定的时期内，每个国家或地区都处在一定的经济发展梯度上，每出现一种新行业、新产品、新技术，工业生产都会随时间推移由经济高梯度地区向经济低梯度地区传递。梯度推移理论明确了一个落后国家或地区在产业结构调整演进过程中必须循阶梯而上，不可超越；落后国家或地区应该重点发展具有自身比较优势的初级产业，尽快承接从经济高梯度国家或地区外溢来的产业，如钢铁、纺织、食品产业等，加快产业转移过程，促进落后国家或地区的经济快速发展（慈中阳，2005）（见图4-5）。

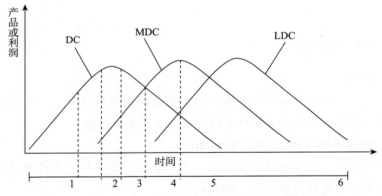

图4-5 工业生产生命周期与区域经济梯度转移示意

注：DC—发达国家，MDC—发展中国家，LDC—欠发达国家。

2. 雁行产业发展形态说

雁行产业发展形态说是日本经济学家从日本纺织业的发展过程中总结提炼而来的，这一理论立足于经济落后的发展中国家。该学说的基本模型如下。第一只雁代表进口，即以商品进口来刺激本国消费，形成国内需求，培育国内市场。第二只雁代表国内生产，进口引发国内生产浪潮，并促进国内大规模投资与技术引进，从商品进口升级为设备和技术的进口，它促进了现代技术和国内低工资的结合，促进劣势产业发展。第三只雁代表出口，国内生产规模扩大和低工资优势，使产品成本大幅度降低，在市场上形成价格优势，既挤占了进口商品的市场份额，也提高了开拓国际市场的竞争能力，从而形成该产业的出口浪潮（周起业、刘再兴、祝诚等，1989）（见图 4 - 6）。

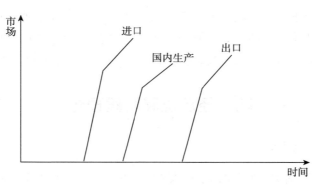

图 4 - 6　雁行产业发展理论

3. 动态比较费用说

动态比较费用说又称动态比较成本论、比较利益论。按静态"比较成本学说"，任何一个经济系统只能根据自己的优势要素禀赋，建立自己的生产系统，获得系统之间贸易比较利益。由此发达国家产业结构越来越先进，越来越富；发展中国家产业结构越来越落后，并更加贫穷，它们的收入差距进一步扩大。

在此基础上，日本经济学家创造性地提出了动态比较费用说。该理论认为在国际贸易中一时处于劣势的产业有可能转化为优势产业，并促使产业结构进入高级化轨道。其核心就是，在重点发展传统的具有相对优势但技术层次较低的产业的同时，必须扶持有发展前途的新型产业，使之逐步发展成为主导产业。这样通过不断更新主导产业，促进产业结构高级化。

4. 非均衡发展学说

非均衡发展学说认为，各国或地区由于地区比较优势不同，在产业结构调整过程中，应选择能够充分发挥其比较优势的主导产业部门优先发展，通过大力扶持、重点发展，带动整个国民经济或地区经济发展。日本经济学家认为主导产业的选择应根据需求收入弹性大、比较劳动生产率高、防止过度密集和丰富劳动的要求进行，并予以重点发展。

需求收入弹性是指某特定条件下，某种商品需求量对收入变动的相对反应，用需求收入弹性系数表示。

$$需求收入弹性 = \frac{需求量的增长率}{收入额的增长率}$$

一般情况下，需求收入弹性系数大于 1 的产业为高端消费产品，需求收入弹性系数小于 1 的产业主要为基本需求产品。主导产业一般是需求收入弹性系数大、市场需求增长较快的产业（张秀生、卫鹏鹏，2005）。

四 经济发展阶段理论

（一）代表人物

经济发展阶段理论的代表人物主要有克拉克（C. Clark）、费雪（A. G. B. Fisher）、胡佛（E. M. Hoover）、费雪（J. Fisher）、罗斯托（Rostow, W. W.）和弗里德曼（J. Friedmann）等，他们将经济发展分为不同的阶段。20 世纪 60 年代中期，弗里德曼基于核心－边缘理论提出了具有空间特征的区域发展阶段理论（包括空间均衡分布阶段，核心－边缘结构阶段，多核心结构阶段，等级体系结构阶段）（马弘毅，2007）。目前，应用比较广泛的主要是罗斯托的经济增长阶段理论。

（二）罗斯托的经济增长六阶段理论

1960 年，美国经济学家罗斯托首次提出经济发展阶段说，其后又进行了补充和完善。他按照科学技术及工业发展水平的差异将区域发展划分为六个阶段：传统社会阶段，主要依靠手工劳动，农业居首位；为"起飞"创造条件阶段，近代科技开始在工农业中应用；"起飞"阶段，即工业化开始阶段，科技在工农业中得到推广应用，主导工业部门迅速增长，农业生产效率提高；走向成熟阶段，现代科技得到普遍推广和应用，新工业部门迅速发展，国际贸易迅速增加；高额消费阶段，主导部门转向耐用消费品生产；追求生活质量阶段，主导部门转为服务业和环境改造事业（林迎星，2003；王燕，2007；杨金红，2009）。

五 产业集群理论

(一) 产业集群

产业集群，又叫产业簇群，它是指相关产业形成地理上的集中性，包括上下游产业的制造商，互补性产品的制造商，专业化基础设施的供应商，以及相关机构（政府、大学、科研机构、行业协会等）。

由图4-7可以看出，某区域的四个主导产业集群为：金融商务服务（银行、基金、债券、保险），权力部门（政府机构、贸易协会、经济组织），旅游业（宾馆饭店、旅游景点、娱乐场所），创造性制造业（研发机构、高新技术产业、传统产业的改造）。除此之外，还分布着一系列相关产业集群，对四个主导产业集群起着加固作用。其中，四个产业集群具有很强的互补性，它们相互支撑，相互促进，并通过创造性制造业、金融商务、旅游业等特色产业集群与全球产业链进行链接，从而对区域乃至世界经济发展产生一定影响。

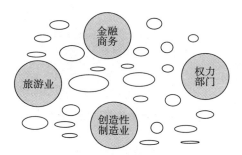

图4-7 某区域特色产业集群示意

(二) 特色产业集群模式

特色产业集群形成大致经历单个企业发展阶段、产业集群发展阶段（小城镇层面）、城市特色产业集群阶段（城市层面）和区域特色产业集群阶段（区域层面）四个阶段，尤其是区域特色产业集群是区域内各城市（县域内各城镇）分工合作、协同发展的结果（见图4-8、表4-1）（郭荣朝、苗长虹，2010）。

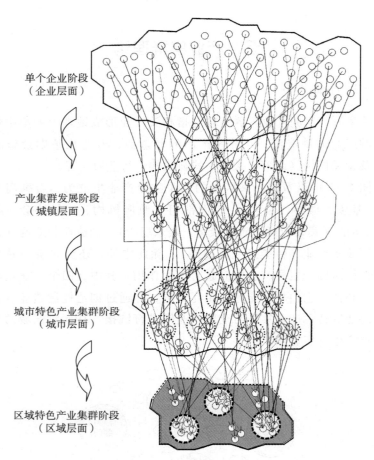

单个企业阶段
（企业层面）

产业集群发展阶段
（城镇层面）

城市特色产业集群阶段
（城市层面）

区域特色产业集群阶段
（区域层面）

图 4 - 8　区域特色产业集群与空间结构优化关系

表 4 - 1　区域空间结构演变过程

产业集群 演化阶段	单个企业	产业集群 （企业集群）	城市特色 产业集群	区域特色产业集群
空间演变形式				
产业分布特点	均匀分散分布	以城镇工业园区集群分布为主	以城市产业集聚区集群分布为主	以区域产业集聚区集群分布为主
产业集群形成动因	供不应求，卖方市场	供应增加，出现竞争	市场竞争日趋激烈	全球范围竞争更加激烈

六　地域生产综合体理论

该理论源于苏联，代表人物主要有科洛索夫斯基、涅克拉索夫、阿甘别吉扬等。地域生产综合体是指在一个区域范围内，一个或几个专业部门的高度结合，这些部门共同利用生产性和非生产性基础设施，以此降低生产成本，提升产品的市场竞争能力。该理论虽是计划经济体制下的产物，但至今仍有很多可取之处。

（一）地域生产综合体的特征

① 综合体的专业化生产部门建立在区域自然资源比较优势基础之上。② 综合体的主体是专业化生产部门及其相关的综合发展部门；③ 地域内要形成完整的生产体系和完善的基础设施配置；④ 综合体是在科学规划指导下有计划地建设形成的（张晓莉，2009）。我国已从计划经济体制转向市场经济体制，计划在区域经济发展中的作用大为减弱，但地域生产综合体的科学规划原理和建设方法仍然有诸多县域低碳经济发展值得借鉴的经验（李彦，2007；张金杰，2007；陈玉英，2009）。

（二）地域生产综合体的类型划分

根据不同的目的和标准，可以把地域生产综合体划分为许多类型。主要有以下两种划分方法：① 按经济结构特征划分，包括原料型、加工型、综合型三种类型的地域生产综合体；② 按形成的主要因素划分，包括矿物原料型、燃料动力型、农业原料型、劳动力资源型、消费品型五种类型（周起业、刘再兴、祝诚等，1989）。

综上所述，地域生产综合体是在高度的计划体制下总结提炼出的一种区域经济发展规律，但因体制本身的障碍与弱点，这一理论还存在活力不足、缺乏经济地域扩展与演化规律探讨等方面的不足。

七　生态足迹理论

（一）生态足迹内涵

1992 年，加拿大生态经济学家 William 提出生态足迹（Ecological Footprint，简称 EF）。后来，其博士生 Wackernagel 对生态足迹进一步完善。

生态足迹理论认为在一定的科学技术水平和消费水平条件下，一个国家（地区、个人）持续发展或生存所必需的生物生产性土地面积。当一个国家（地区）的生物承载力大于生态足迹时，则产生生态盈余，表明该国家（地区）的生态容量足以支持其现有人口在现有生活水平下的消费负荷，有利于该国家（地区）经济社会环境协调健康可持续发展；否则，将会影响该国（地区）经济社会环境的持续发展（常文娟、马海波，2010）。

由此可以看出，生态足迹是从一个全新的角度定量测度一个国家（地区）的可持续发展状况，是一种定量评价可持续发展程度的方法，该方法不仅可以测度人类对环境的影响程度，而且可以测度人类对生存环境的需求情况。

（二）生态足迹模型

任何一个国家（地区、城市或个人）的生态足迹，就是生产相应人口所消费的所有资源和消纳这些人口所产生的所有废弃物所需要的生物生产性土地面积（陈栋为、陈晓宏、孔兰，2009；姜秀娟，2010）。

生物生产性土地（包括陆地和水域）因生产力大小不同可将其划分为化石能源用地、可耕地、牧草地、森林、建筑用地、水域等。因此，在计算各类生物生产性土地面积时要乘以一个相应的均衡因子。又因不同国家（地区）间存在生产管理水平的差异，在计算比较各个国家（地区）同类生物生产性土地面积时，需要将其面积乘以一个相应的产量因子。然后，进行国家（地区）不同生物生产性土地类型的空间汇总，即得出国家（地区）的生物生产性能力或生态足迹（见图 4-9）（常文娟、马海波，2010）。

八 环境库兹涅茨曲线（EKC）理论

（一）环境库兹涅茨曲线内涵

1993 年，Panayotou 首次提出环境质量与收入之间的关系为倒 U 形关系，因其借鉴了库兹涅茨倒 U 形曲线，被称为环境库兹涅茨曲线（EKC）（包桂英，2010）。其内涵主要包括以下四个方面。

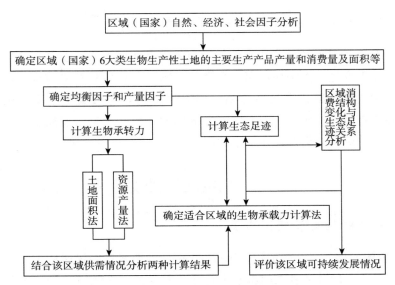

图 4 - 9 区域生态足迹模型技术路线流程

1. 环境质量需求

当收入水平很低或较低时，地球上的总人口有限，人类对自然资源的开发利用相对较少，生态环境质量相对也就较好。另外，就是当人们的收入提高到一定水平后，他们对现实和未来的生活环境更加关注，对高质量环境产生强烈需求，从而促进产业结构高级化，减缓环境恶化。

2. 环境规制

生态环境质量是一种公共产品，公共产品的外部性导致企业或个人在生产生活过程中肆意应用，最终导致生态环境质量的不断下降。EKC 强调必须建立健全相应的法规制度，进行环境规制，强化生态环境这一公共产品外部性成本内化，加强对个人、企业乃至政府不利于生态环境的行为的监管与惩处力度。环境规制的健全完善从一个侧面推动了产业结构优化升级，推动了高碳产业逐步低碳化。

3. 市场机制

随着市场机制的进一步完善以及在资源配置过程中的广泛应用，自然资源的市场供求调节机制将有利于减缓生态环境恶化。

4. 减污投资

不同的经济发展阶段，资本充裕程度有较大差别，其环保投资规模因此而不同。减污投资与环境质量呈明显的正相关关系。

（二）环境库兹涅茨曲线的解释力

EKC 理论较好地阐释了环境质量与收入之间的关系。但其假定收入仅是一个外生变量，无法揭示存量污染的影响以及长期的环境质量与收入的关系，无法阐释新技术与新毒型、环境规制趋同与触底竞争型等现实问题；在污染结构、非收入因素对污染的影响、发达国家与发展中国家的差异等方面的解释力仍然存在一定的问题（佘群芝，2008）。

九　脱钩发展理论

（一）脱钩发展理论内涵

"脱钩发展"（Decoupling Development），即经过一段时间演变，原来具有依赖关系的某两者之间将不再存在依赖关系。"脱钩"理论最早用来描述新兴市场与欧美经济走势的关系问题，由最初的依赖关系到最后的"脱钩"发展。1966 年，国外学者提出了关于经济发展与资源环境压力的"脱钩"问题，正式将"脱钩"理论整合在经济发展领域。脱钩理论主要研究经济发展与碳排放之间的相互关系，指出传统经济发展对自然环境的过度依赖，带来了对资源环境的破坏，后来实行了保护环境的循环经济发展模式，经过一段时间以后，经济发展就不再危害生态环境了，它们之间就实现了全面"脱钩"。近些年来，"脱钩"发展理论进一步拓展到能源与环境、农业政策、循环经济等领域，并取得了阶段性成果（陈伍香，2012；陈飞，2009）。

（二）脱钩发展理论应用

"脱钩"发展理论已得到一定程度的应用。研究表明：一国或地区工业发展初期或中期，资源消耗与经济总量提升呈明显的同步增长关系；在完成工业化中期后，资源消耗与经济增长开始呈现倒 U 形关系，即经济总量快速增长，而单位产值的资源消耗却大幅度下降。其主要原因为科学技术水平、管理水平以及劳动者素质的不断提高，使资源能源利用效率大幅度提高，生产效率不断提高，产业经济效益快速增长。因此，脱钩发展理论的重要内涵之一就是以坚持科学技术水平和管理水平的不断提高为前提，以提高能源资源利用效率为核心，不断降低能源资源消耗强度和碳排放强度，努力降低二氧化碳等温室气体排放增长率，实现经济增长与能源资源利用的逐步"脱钩"。

十 可持续发展理论

（一）可持续发展理论内涵

20 世纪中后期以来，由于各国（地区）的工业化进程快速推进，资源能源被广泛地开发利用，资源能源消耗不断增加，环境污染越来越严重，生态问题越来越突出。尤其是不可再生能源资源（矿产资源、化石能源）的大量开发利用，使一些资源逐步枯竭；与此同时，一些稀有珍奇动植物不断灭绝，生物多样性快速减少。在此背景下，联合国环境与发展委员会的相关报告先后提出了可持续发展理论。其后，可持续发展理论又在经济、社会、生态等方面得到进一步完善。简单来说，可持续发展理论的内涵就是强调：代内公平和代际公平，人与自然和谐共处。代内公平就是指同一时代内一些人或一些地区的发展不能影响其他人或其他地区的发展；代际公平是指当代人的发展不能影响下一代人（子孙后代）的发展，人与自然共生、和谐共处。

（二）可持续发展理论应用

可持续发展理论提出以来得到各国（地区）政府的广泛认同，并付诸实际行动中。我国政府也于 20 世纪 90 年代制定了可持续发展的纲领性文件——《中国 21 世纪议程》，21 世纪初期以来，我国政府先后提出了相应的节能减排目标，制定出台了一系列法规制度，可持续发展已上升到我国的战略高度。

第五章　县域低碳经济发展的影响因素

我国地域广阔，不同县域在自然资源与自然环境、原有经济基础、社会文化条件、科学技术进步、法规制度体系、政策体制条件等方面存在很大差异，这些方面对县域低碳经济发展产生重要影响，甚至是决定性影响。深入分析这些影响因素，是县域低碳经济发展机制构建、模式提炼与路径选择的前提。

一　资源环境条件

资源环境条件是影响县域低碳经济发展的基本条件，主要包括自然资源条件与自然环境条件两个方面。

（一）自然资源条件

自然资源是指存在于自然界，在一定的时间、地点和经济技术水平条件下，能被人类利用并能产生经济或社会价值的自然条件（或自然环境因素）。按照自然资源能否再生可以将其划分为可再生的自然资源和不可再生的自然资源两大类，前者主要指土地资源、水资源、生物资源、风能资源等，后者主要指矿产资源以及其中的化石能源等。

自然资源具有有限性、区域性、整体性、多用途性和社会性等特征。有限性是指资源的供应数量与人类不断增长的需求之间存在矛盾，形成经济学上自然资源供给的稀缺性。不同地区的同一资源存在数量质量差异以及不同地区资源品种组合上的差异，这种区域性也就是经济学上所说的自然资源的区域丰度。每种自然资源要素在生态上有机联系而形成一个有机整体就是自然资源的整体性，自然资源的整体性要求在对其开发利用时必须坚持全面研究与综合开发的原则。同一种自然资源适宜于多种用途的开发利用，这种多宜性在用途上并不是同等重要，自然资源的多用途性要求在确定其开发利用方式时要全面综合深入分析，以便做出慎重的选择。每一种自然资源要素都直接或间接地附加了人类劳动，构成自然资源的社会性。

自然资源对县域低碳经济发展的影响主要表现在以下三个方面。

1. 自然资源是县域低碳经济发展的自然物质基础

自然资源不仅是县域生产力的重要组成部分，而且是县域低碳经济发展的自然物质基础。即县域低碳经济发展不能完全脱离自然资源而凭空发展，只是相对于传统的经济发展模式而言对自然资源的需求呈不断减少趋势。因此，科学技术的发展创新只能加大对自然资源开发利用的广度与深度，不断提高其利用效率，但不能改变自然资源在县域低碳经济发展过程中的基础性作用。县域自然资源的组合情况直接影响县域产业构成、产业空间布局以及产业的转型升级过程。一般来说，县域范围内某种自然资源极为丰富，该县将形成以这种资源开发利用为主导的产业结构；如果某县域范围内有多种自然资源，该县域就可能形成以开发这些资源为主的不同的产业部门。自然资源对县域低碳经济发展的影响是一种基础性的作用（见图5-1）。

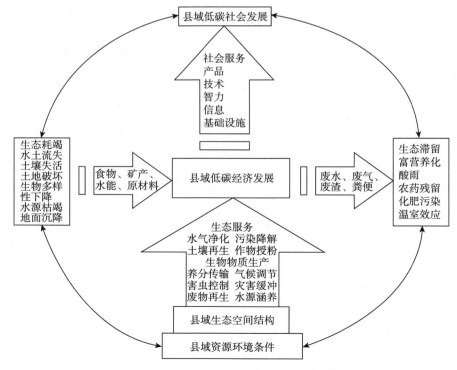

图5-1　资源环境条件与县域低碳经济发展

2. 自然资源丰度影响县域低碳经济的发展方向

例如，以丰富的煤炭资源为主的县域，将形成重要的煤炭能源基地，其低碳经济发展方向就要以煤炭为核心，从而进一步拉长产业链条，形成能源重化工产业集群，使煤炭资源循环重复利用，循环发展，尽可能地提高煤炭资源的开发利用效率。在对煤炭资源充分利用的同时，要做到未雨绸缪，及早建立产业发展基金，及早做好煤炭资源型县域的产业转型升级工作，实现县域低碳经济的持续健康发展。

3. 自然资源质量及开发条件影响县域低碳经济活动效益

自然资源质量不仅直接影响资源的开发成本（例如，中东石油的开采成本只是美国的1/20），而且还影响资源利用过程中的治污成本。一般情况下，自然资源质量越高，其利用效率相对就越高，那么其排放的废弃物相对就越少，治理成本就越低；反之，治污成本就越高。另外，自然资源开发利用的环境比较恶劣、交通区位比较偏远，其开发利用成本以及治污成本自然就越高。自然资源质量以及开发条件的好坏直接影响县域经济活动效益的高低，同时还影响县域生态环境质量的好坏。

我国实施科学发展观战略以来，县域低碳经济发展质量均有一定程度的提高，但由于自然资源的影响，尤其是能源结构的影响（见表5-1），在低碳经济发展方面仍然是困难重重。我国很多县（市）煤炭等一次能源消费在能源消费构成中仍占很大比重，二氧化碳等温室气体排放一直居高不下，"高碳"经济特征仍很突出。县域低碳经济发展仍然面临重大挑战（刘桂文，2010）。

表5-1 2004～2013年我国能源消费构成情况一览

单位：亿吨标准煤，%

项目	2004年		2006年		2008年		2010年		2012年		2013年	
	总量	占比	总量	占比	总量	占比	总量	占比	总量	占比	总量	占比
煤炭	14.8	69.8	18.4	71.0	20.5	70.0	22.1	68.0	24.1	66.6	24.7	65.9
石油	4.5	21.2	5.0	19.3	5.3	18.0	6.2	19.1	6.8	18.8	6.9	18.4
天然气	0.5	2.4	0.8	3.1	1.1	3.8	1.4	4.3	1.9	5.2	2.2	5.9
水电、核电、风电	1.4	6.6	1.7	6.6	2.4	8.2	2.8	8.6	3.4	9.4	3.7	9.8
能源消费	21.2	100	25.9	100	29.3	100	32.5	100	36.2	100	37.5	100

资料来源：http://data.stats.gov.cn/workspace/index?m=hgnd。

（二）自然环境条件

自然环境是指人类产生和发展所必需的自然条件和自然资源的总和，是由岩石、土壤、水、大气、生物等自然要素有机结合而成的自然综合体，是自然条件和人类相互作用的一个特殊圈层，是人类生存和发展的物质基础（谷艳，2009）。自然环境条件对县域低碳经济发展的影响主要表现在以下三个方面。

（1）一定条件下，自然环境的优劣及其变迁对县域低碳经济发展有着重要影响。例如，地处干旱半干旱的西北地区县域，水资源成为该地区县域低碳经济发展的关键制约因素，同时该地区由于缺水，生存条件比较恶劣，县域低碳经济发展缺乏应有的物质基础。因此，在沙漠地区，只要有水，就能形成绿洲，就有人的生存与发展，也就有了县域低碳经济发展的基础。

（2）自然环境对县域低碳经济发展过程中的"无烟"产业发展产生重大影响。不同的自然环境条件，将形成各具特色的地域文化。例如，在我国少数民族聚居的县（自治旗）域，其民族构成、民族性格、思维方式、生活方式等存在很大差异。独具特色的地域文化为县（自治旗）域低碳经济发展，尤其是县域文化旅游产业发展奠定了良好的基础。

（3）不合理的自然环境利用将会产生严重的生态环境问题。例如，水土流失、耕地减少、土地荒漠化、土壤盐渍化等。继而影响县域低碳经济的健康发展（见图5-1）。

自然环境与县域低碳经济发展之间是一种互促互进的关系。县域低碳经济发展不应阻碍县域范围内的自然演进过程，县域低碳经济发展需要围绕自然生态环境的完整性来进行。县域自然生态环境状况如何？县域生态环境容量如何？直接影响县域生态空间结构演变方向及其合理化程度，继而影响县域低碳经济能否持续健康发展（见图5-1）。县域低碳经济发展是生态环境保护的前提条件，改善生态环境功能、提升生态环境容量更加有利于推动县域低碳经济发展，县域低碳经济发展是建立在生态环境质量不断改善提高基础上的持续健康发展。

二　原有经济基础

（一）经济特色与经济地位

由于区域（县域）间的自然差异、位势差异、趋势差异等，任何一个地方不是集各种优势于一身，而是相对于其他地方具有某种或某些优势，从而该区域的竞争能力更强，资源能源利用效率更高，经济发展保持在较高水平。

区域优势包括有形区域优势与无形区域优势，绝对区域优势和相对区域优势，局部优势与全局优势，空间优势与时间优势，现实优势与潜在优势，比较优势与竞争优势等多种类型。

区域比较优势使产业布局具有明显的指向性，具体包括自然环境条件与自然资源指向性产业、原材料指向性产业、消费市场指向性产业、劳动力指向性产业、高科技指向性产业、交通枢纽指向性产业等。区域比较优势是特色产业集群形成发展的基础，只有遵循劳动地域分工规律来布局产业，才能突出区域比较优势，体现区域特色，形成地域特色产业集群，以产生巨大的经济社会环境效益。

区域经济特色包括产业结构特色和产业布局特色两种表现形式。前者是指区域内形成了完整的产业结构，即主导产业、支柱产业、辅助产业、基础设施产业之间的协调健康发展。后者是指产业布局依据区域发展阶段的不同而不同，即传统农业阶段产业布局具有明显的分散性，工业化阶段主要围绕城镇体系布局产业结构。一个县域要保持低碳经济健康发展，就必须不断地培育自身比较优势，不断形成县域特色产业（或特色产业集群），使县域产业结构能够及时转型升级，始终保持"人无我有，人有我优"的态势，才能保持县域经济发展的竞争优势，为县域低碳经济发展奠定良好的基础。

2013 年，我国县域生产总值为 31.9 万亿元，占全国生产总值的56.1%，而县域土地面积占全国国土总面积的95%，县域单位土地面积的生产总值远远低于城镇。第一产业仍以家庭联产承包责任制为基础，以家庭生产为单位，土地的规模化、集约化经营程度仍很低，农业现代化水平不高，传统高碳农业生产仍占重要地位；第二产业生产规模较小，产品档次较低，科技含量不高，能源资源利用效率仍普遍较低，产业链条短；第三产业发展滞后，仍以传统服务业为主，信息化水平较低。县域经济发展基础薄弱已严重影响县域低碳经济的健康发展。

（二）收入水平与消费观念

一个地区居民的收入水平如何，直接影响居民的消费品种类偏好、需求规模、购买力等诸多方面，继而影响市场的需求结构。需求收入弹性系数很好地描述了收入与需求之间的关系，它是用来表示消费者对某种消费品需求量的变动对收入变动的反应程度。

在不违背规制的市场经济条件下，有需求就有生产。收入水平决定需求结构与需求水平，即市场需求结构，继而影响县域比较优势的发挥、产业布局和产业规模，并影响县域低碳经济的发展。在同一科学技术水平条件下，人们需求的奢侈品增加，无形中就增加了对资源能源的消耗，废弃物排放量增加，对生态环境的污染随之加重，继而影响县域低碳经济的有序推进。

消费观念主要是指道德风尚、风俗习惯、行为模式、信仰及偏好等。消费观念构成产业布局与企业组织的软环境，直接影响一些产业的布局和一些企业能否低碳发展。例如，在一些少数民族聚居地区，必须充分考虑其宗教信仰禁忌来进行产业布局；我国居民普遍存在的在接待客人时的铺张浪费就是一种不好的消费习惯，不利于个人、企业、县域、国家的低碳发展。因此，在城乡居民的生活过程中必须及时更改陋习，破除奢靡之风，养成良好的消费习惯，推动县域低碳经济健康发展。

（三）市场机制与市场化水平

市场机制有利于资源（能源）的优化配置，有利于资源（能源）的高效利用，有利于县域比较优势的充分发挥，有利于县域特色产业（集群）的逐步形成，有利于县域综合竞争力的不断提升，有利于推动县域低碳经济的健康发展。市场化水平主要从需求规模、市场层次结构、市场环境、市场意识等方面影响县域低碳经济发展。我国县域，尤其是内陆地区县域，第三产业发展水平相对滞后，信息化水平低，人们的市场意识较为淡薄，从而影响县域市场环境建设，最终导致市场化水平不高，降低了市场机制在优化配置资源能源中的作用，继而影响县域低碳经济的健康发展。

（四）基础设施与完善程度

"要想富，先修路"，这一俗语从交通条件这一侧面充分说明了基础设施在县域经济社会发展中的作用，基础设施是县域经济社会环境健康可持续发展过程中的必备条件。交通设施、教育设施、文化卫生设施、市政设施等社会基础设施的配置水平、完善程度是影响县域低碳经济健康发展的重要因素之一。例如，环保设施以及环保产业的发展可以有效减少资源（能源）利用过程中对环境的污染，可以变废为宝，进一步提高资源能源利用效率，减少二氧化碳等温室气体排放量。

三 社会文化条件

社会文化条件对县域低碳理念的形成、低碳经济发展模式的确定与路径选择等产生重要影响（李捷，2013）。

（一）教育程度

受教育程度的高低，不仅影响人们对低碳经济发展的认知程度、接受程度以及低碳经济发展的模式确定、路径选择，而且还影响人们的低碳产品消费。一般情况下，受教育程度越高的人们对发展低碳经济越容易接受，这有利于低碳消费理念的形成，有利于低碳经济健康发展。

（二）宗教信仰

宗教信仰是构成社会文化条件的重要因素之一，宗教信仰不仅影响县域低碳经济发展的路径选择和低碳产品的生产，而且也影响人们对低碳产品的消费。例如，不同的宗教，有不同的禁忌要求，它不仅影响某种县域自然资源的合理开发与充分利用，而且也影响县域低碳经济发展的模式确定和路径选择。

（三）价值观

不同的社会文化背景下，人们对各种社会文化经济现象的态度和看法往往有着很大的不同，甚至是完全相悖。因此，人们的价值观念不同，人们对低碳经济的认识程度、发展理念、发展策略等都有自己褒贬不一的意见和态度，继而影响县域低碳经济的健康持续发展。

（四）消费习俗

消费习俗，顾名思义，是指人们在特定的社会文化背景下长期以来形成的消费方式、消费理念、消费禁忌、消费习惯等。了解消费习俗这种"锁定效应"，不仅有利于县域政府部门主动地进行低碳消费引导，而且有利于预测目标市场低碳产品消费的主要趋向。因此，消费习俗是县域低碳经济发展过程中进行市场预测的重要前提条件之一（刘孝徽，2011）。

（五）对低碳经济的认识误区

由于各县域的社会文化历史背景不同，各县域在低碳经济发展过程中仍然存在经济、社会等诸多认识上的误区（曹清尧，2012；孟祥林，2011）。

（1）低碳经济误区。低碳经济在产业发展上的认识误区主要包括贫穷经济、减排经济、道德经济、循环经济、低速经济、高效经济、低效经济、零碳经济、未来经济和交易经济十个方面（见图5-2）。

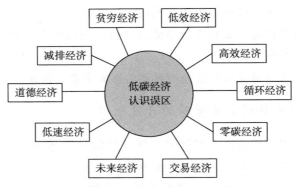

图5-2　低碳经济认识误区（产业）

（2）低碳社会误区。在社会生活方面，有关低碳经济的认识也存在低碳社会、低碳投入、低碳概念和低碳消费等较多误区（见图5-3）。

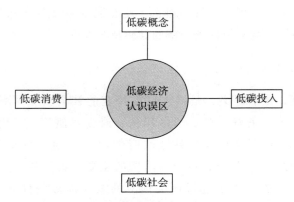

图 5 - 3　低碳经济认识误区（社会生活）

四　科学技术进步

科技进步是指科学技术通过对客观世界认识的扩大与深化来改造自然，使之更好地满足人类社会的物质与精神需求所取得的进化与革命。科技进步包含科学发明与进展及其在生产流通各个领域应用中的进步。

狭义的技术进步是指工程技术的发展与提高。包括改造旧设备，应用新设备；改造旧工艺，应用新工艺；采用新能源和新材料；改造老产品，提高其性能和质量；降低各种生产消耗；提高劳动者技能；等等。

广义的技术进步主要是指与经济发展关系密切的工程技术和管理与决策科学技术的发展。

科学技术进步对县域低碳经济发展的影响主要表现在以下两个方面。

（一）影响县域自然资源的开发利用

科学技术水平越高，人类利用自然资源的种类越多、利用范围越大，尤其是科学技术提高了人们利用自然资源的深度，甚至可以变废为宝，变害为利。因此科技进步有利于降低县域经济发展对非地产资源的依赖程度。也就是在县域经济发展过程中要通过挖掘内在潜力，靠提高要素效能，用较少的投入获得较多的产出；或用同量的投入获得更多的产出，从而减少对本县域以及县域以外资源能源的依赖程度，提高县域经济发展的稳定性，增强县域竞争能力。例如，节能技术的发明推广应用，使得单位产出的能耗降低，从而减小了缺能地区县域受能源市场价格上涨的影响，提高了能源安全程度（王文娟，2010）。

（二）促进县域低碳经济健康发展

科技进步有利于县域产业结构转型升级，推动县域低碳经济发展。科技进步不仅使经济总量增加，而且也促使社会分工细化、协作与专业化加深、劳动生产率提高，推动经济结构转型升级。例如，农业技术的提高，有利于更多的农业劳动者从农业生产中解放出来，从事其他社会经济活动，推动农业产业化和农业现代化的有序发展；工业技术进步，降低了单位产品对原材料的需求（消耗），使工业产品生产逐步向"高、精、尖"的方向发展，推动新型工业化健康发展；技术进步，加之人们的生活水平提高、消费结构变化，从而提升了第二、第三产业在县域经济社会发展中的地位，尤其是第三产业地位的大幅提升，使产业结构逐步趋向高级化。县域经济发展过程中的能耗降低、排放减少、污染减轻、效益提升，即县域低碳经济健康发展（刘桂文，2010；孙起生，2010）。

五　法律制度体系

（一）法规制度现状

我国已初步构建了促进低碳经济发展的法律、方案和办法。全国人大常委会先后制定、修订完善了《中华人民共和国环境保护法》（1989 年颁布，2014 年修订）、《中华人民共和国水污染防治法》（1984 年颁布，2008 年修订）、《中华人民共和国大气污染防治法》（2000 年颁布，2015 年修订）、《中华人民共和国矿产资源法》（1986 年制定）、《中华人民共和国煤炭法》（1996 年颁布，2013 年修订）、《中华人民共和国森林法》（1984 年颁布，1998 年修订）、《中华人民共和国环境影响评价法》（2002 年颁布）、《中华人民共和国清洁生产促进法》（2002 年颁布）、《中华人民共和国节约能源法》（1997 年颁布，2007 年修订）、《中华人民共和国可再生能源法》（2005 年颁布）、《中华人民共和国循环经济促进法》（2008 年颁布）、《第二次气候变化国家评估报告》（2011 年）、《"十二五"节能减排综合性工作方案》（2011 年）、《碳排放权交易管理暂行办法》（2014 年）等，这些法规制度的出台为低碳经济发展提供了良好的法律环境，也为地方发展低碳经济提供了战略发展思路，为进一步制定可操作性的具体措施奠定了良好基础（孙丽丽，2011）。

（二）存在的问题及成因

20 世纪末期以来我国在节约能源资源、保护生态环境、应对气候变化等方面做出了不懈努力，取得了一定成效。但仍然存在一些亟待解决的问题（曹清尧，2012）。

1. 约束手段仍较单一

我国目前的节能减排措施主要靠行政手段，即中央政府将未来一段时期内应完成的节能减排总目标，通过行政指令方式分解到各级地方政府和企业，从而约束地方政府和企业的经济行为。在当前的中国政经体制下，单一的行政指令很难越过重重行政层级切实有效地在基层得到有效贯彻，甚至出现所谓的"政令不出中南海"的现象。例如，国有企业所拥有的资源优势，使其在市场竞争中有绝对优势，尤其是一些行政垄断性国有企业，它们可以轻易获得超额利润，单靠行政指令手段是无法对其产生严格意义上的约束，它们节能减排的外部压力和内在动力明显不足。同时，一些失去良知的企业通过深水井肆意排污，给县域生态环境造成严重的污染，低碳经济发展举步维艰。因此，低碳经济发展仅靠行政指令是远远不够的，需要法律保障、政府引导和市场运作等多种手段综合运用。

2. 产业结构仍很粗放

我国依然处于工业化中期阶段，经济增长主要依赖于第二产业拉动（见表 5 - 2、表 5 - 3、表 5 - 4、表 5 - 5）。2013 年我国共有 2079 个县（市），生产总值 337710 亿元，其中，第一、第二、第三产业增加值分别为 47067.7 亿元、177058.5 亿元、113583.8 亿元，三次产业结构比为 13.94:52.43:33.63。无论是我国的产业结构，如东部、中部、西部部分省份的产业结构，还是县域产业结构，第二产业仍然占据主要地位，产业结构仍很粗放，产业转型升级仍任重道远，节能减排形势依然严峻。

表 5 - 2　江苏省县域产业结构演变情况一览

单位：亿元

年份	生产总值	第一产业增加值	第二产业增加值	第三产业增加值	三次产业结构比
1990	89.39	33.07	40.52	15.80	37:45:18
1995	363.37	79.62	182.50	101.25	22:50:28

续表

年份	生产总值	第一产业增加值	第二产业增加值	第三产业增加值	三次产业结构比
2000	558.66	97.96	269.89	190.81	18:48:34
2005	9097.77	1060.25	5062.78	2974.74	12:56:32
2010	21779.98	1781.27	11991.79	8006.92	8:55:37
2012	29132.45	2426.52	15187.00	11518.93	8:52:40

资料来源：江苏省统计局，2001年、2006年、2011年、2013年。

表5-3　河南省县域产业结构演变情况一览

单位：亿元

年份	生产总值	第一产业增加值	第二产业增加值	第三产业增加值	三次产业结构比
2000	3542.91	1055.71	1552.95	934.25	30:44:26
2005	7249.84	1700.87	3759.03	1789.94	23:52:25
2010	16112.48	2892.77	9482.83	3736.88	18:59:23
2012	20060.47	3368.71	11699.62	4992.14	17:58:25

表5-4　青海省县域产业结构演变情况一览

单位：亿元

年份	生产总值	第一产业增加值	第二产业增加值	第三产业增加值	三次产业结构比
1995	46.63	20.20	14.89	11.54	43:32:25
2000	111.29	29.79	48.98	32.53	27:44:29
2005	258.32	56.07	116.47	85.78	22:45:33
2010	945.76	132.26	588.85	224.65	14:62:24
2012	1442.61	174.16	956.19	312.26	12:66:22

资料来源：青海省统计局，2001年、2006年、2011年、2013年。

3. 资源环境价格扭曲

在目前的县域资源能源开发利用过程中以及生态环境的使用领域，良好的市场机制尚未建立起来，自然资源及生态环境的稀缺性没有得到相应的反映，市场机制的优化配置作用没有得到有效发挥，主要表现为资源环境产品价格长期偏低，资源环境这一公共产品的外部性成本长期没有内化，这不仅助长了高碳产业的发展，而且也严重抑制了低碳产业的兴起与发展。

表 5 – 5　产业结构演变过程一览

单位：亿元

年份	生产总值	第一产业增加值	第二产业增加值	第三产业增加值	三次产业结构比
1978	3645.2	1027.5	1745.2	872.5	28.19:47.88:23.93
1979	4062.6	1270.2	1913.5	878.9	31.27:47.10:21.63
1980	4545.6	1371.6	2192.0	982.0	30.17:48.22:21.61
1981	4891.6	1559.5	2255.5	1076.6	31.88:46.11:22.01
1982	5323.4	1777.4	2383.0	1163.0	33.39:44.76:21.85
1983	5962.7	1978.4	2646.2	1338.1	33.18:44.38:22.44
1984	7208.1	2316.1	3105.7	1786.3	32.13:43.09:24.78
1985	9016.0	2564.4	3866.6	2585.0	28.44:42.89:28.67
1986	10275.2	2788.7	4492.7	2993.8	27.14:43.72:29.14
1987	12058.6	3233.0	5251.6	3574.0	26.81:43.55:29.64
1988	15042.8	3865.4	6587.2	4590.2	25.70:43.79:30.51
1989	16992.3	4265.9	7278.0	5448.4	25.10:42.83:32.07
1990	18667.8	5062.0	7717.4	5888.4	27.12:41.34:31.54
1991	21781.5	5342.2	9102.2	7337.1	24.53:41.79:33.68
1992	26923.5	5866.6	11699.5	9357.4	21.79:43.45:34.76
1993	35333.9	6963.8	16454.4	11915.7	19.71:46.57:33.72
1994	48197.9	9572.7	22445.4	16179.8	19.86:46.57:33.57
1995	60793.7	12135.8	28679.5	19978.4	19.96:47.18:32.86
1996	71176.6	14015.4	33835.0	23326.2	19.69:47.54:32.77
1997	78973.0	14441.9	37543.0	26988.1	18.29:47.54:34.17
1998	84402.3	14817.6	39004.2	30580.5	17.56:46.21:36.23
1999	89677.1	14770.0	41033.6	33873.5	16.47:45.76:37.77
2000	99214.6	14944.7	45555.9	38714.0	15.06:45.92:39.02
2001	109655.2	15781.3	49512.3	44361.6	14.39:45.15:40.46
2002	120332.7	16537.0	53896.8	49898.9	13.74:44.79:41.47
2003	135822.8	17381.7	62436.3	56004.8	12.80:45.97:41.23
2004	159878.3	21412.7	73904.3	64561.3	13.39:46.23:40.38
2005	184937.4	22420.0	87598.1	74919.3	12.12:47.37:40.51
2006	216314.4	24040.0	103719.5	88554.9	11.11:47.95:40.94
2007	265810.3	28627.0	125831.4	111351.9	10.77:47.34:41.89

续表

年份	生产总值	第一产业增加值	第二产业增加值	第三产业增加值	三次产业结构比
2008	314045.4	33702.0	149003.4	131340.0	10.73:47.45:41.82
2009	340902.8	35226.0	157638.8	148038.0	10.33:46.24:43.43
2010	401512.8	40533.6	187383.2	173596.0	10.10:46.67:43.23
2011	473104.0	47486.2	220412.8	205205.0	10.04:46.59:43.37
2012	518942.1	52373.6	235162.0	231406.5	10.09:45.32:44.59

资料来源：中华人民共和国国家统计局，2013。

4. 干部任用考核机制不健全

我国地方政府官员的考核一般采用任期考核和任期内的不全面考核制度。这种考核制度使一些地方政府官员为突出政绩，只注重一些看得见、摸得着的"形象工程""面子工程"，只注重一些容易衡量的 GDP 数据等，而忽视了一些不能够立竿见影的环保工程与生态环境效益，甚至违反规划、违反规律、违反环评引进一部分生产工艺和装备落后、资源能源利用效率低、废弃物排放量大、生态环境污染重的中小企业，或者上马一些利大税高见效快的重化工项目，给当地的节能减排、产业结构优化，乃至可持续发展带来很大的困难。

六 政策体制条件

（一）政治思想条件

2003 年胡锦涛总书记提出科学发展观，中国共产党第十七次全国代表大会将科学发展观作为我国经济社会发展的重要指针写入党章，党的十六届五中全会提出加快建设资源节约型、环境友好型社会，为中国未来经济改革发展指明了方向。在这些政治思想指导下，我国正在由当前的"高投入、高能耗、高排放、高污染、低产出"的传统经济发展模式向"低投入、低能耗、低排放（或零排放）、低污染（或无污染）、高产出"的低碳经济发展模式转变，实现经济社会与资源环境的协调健康发展。

（二）政策体制条件

在科学发展观思想指导下，在相关法规制度的约束引导下，我国政府相继开展了碳汇市场建设试点、碳排放权交易市场试点等工作，以此推动低碳经济发展。

1. 碳汇市场建设试点

2001 年我国政府启动全球碳汇项目。2003 年国家林业局成立碳汇管理办公室。2007 年我国政府组织实施第 1 个 CDM（Clean Development Mechanism）森林碳汇项目（落户内蒙古自治区赤峰市敖汉旗）和多个森林碳汇试点项目。2013 年，我国林业用地面积为 31259 万公顷，其中森林面积为 20768 万公顷，活立木总蓄积量为 164.33 亿立方米，森林蓄积量为 151.37 亿立方米，这为我国碳汇市场建设试点工作开展奠定了良好的物质基础。

2. 碳排放交易市场建设

我国一直以来高度重视气候变化和二氧化碳等温室气体排放问题。鉴于世界上通行的温室气体排放交易机制的有效性，2014 年 12 月，国家发展和改革委员会发布《碳排放权交易管理暂行办法》，为我国碳交易市场建设提供基本保障。

（三）部分省区政策体制探索

1. 财政政策引导

2008 年江苏省及时调整省以下财政体制，对及时进行经济低碳化转型的县市予以一定的政策奖励；为支持经济相对薄弱县（市）提高工业化水平，对省集中的地方增值税增量部分的 50% 进行全额返还；为鼓励地方利用新能源发电、控制新办火电，及时调整市县新增出口退税税负机制。在江苏省财政政策的引导下，市县政府对自身的财政体制进行了完善，以此引导县域低碳经济健康发展。

2. 加大环保节能投入

为落实科学发展观，加快"两型"社会建设，推动区域经济社会低碳转型，相关省市启动了发展低碳经济的途径探索，通过加大财政投入的杠杆作用，多渠道筹集"两型"社会建设资金，有效地推动了重点流域和区域的环境整治、重点环境问题整治、饮用水源地污染防治、重点工业污染源治理等项目建设，积极推进以生态工业、生态农业、生态城镇、生态乡村为主要内容的生态省建设。湖南省的"长沙－株洲－湘潭"被国务院确定为"两型"社会建设试验区，在环保节能方面进行了大量投入，已取得较为明显的成效。

3. 优化资金支出结构

俗话说，"好钢用在刀刃上"。发展低碳经济的关键就是技术创新，尤其是低碳技术创新。优化资金支出结构，重点支持低碳技术创新，将会在推动低碳经济发展过程中取得事半功倍的效果，将会更加有效地促进地方经济社会及时进行低碳转型发展。

2003～2013 年，湖南省全社会科技活动经费支出从 185.2 亿元增加到 1300 亿元，年均增长率高达 21.52%；占全省生产总值的比重也由 1.91% 上升到 3.46%；用于 R&D 的经费由 72 亿元增加到 827 亿元，年均增速为 27.65%，R&D 的经费占全社会科技活动经费的比重也由 38.88% 提升到 63.62%，科技经费支出结构进一步优化。

4. 积极开展低碳经济试点

发展低碳经济是整个经济社会发展过程中的技术和法规制度密切结合的一次革命，尤其是我国这样的人口大国，必须在总结完善试点地区经验教训的基础上稳步推进低碳经济的发展。

例如，2010 年浙江省被国家发展和改革委员会批准为全国首个"转变经济发展方式综合实验区"试点省份。为了在中心镇更好地推进新型城镇化，推进经济发展方式转变，2010 年浙江省政府给予新登镇、乾潭镇、横村镇、太湖源镇、龙港镇、鳌江镇、柳市镇、塘下镇、孝丰镇、织里镇、周王庙镇、洲泉镇、大溪镇、楚门镇、杜桥镇、白泉镇、六横镇、店口镇、杨汛桥镇、平水镇、佛堂镇 21 个中心镇一定的政策倾斜，为转变经济发展方式，推进低碳经济发展奠定了良好的基础（曹清尧，2012）。

七　低碳金融体系

（一）国际低碳金融

低碳金融是影响县域低碳经济发展的一个重要因素。目前，国际上的低碳金融主要有碳币和碳汇。前者是指"碳排放权交易"过程中每吨二氧化碳排放权的价值。后者即"碳信用市场"。

国际上成熟的碳金融市场主要有 EU‐ETS、CCX 等，其交易品种是期货、期权、碳交易基金等金融衍生品，尤其是二级市场 CDM 交易以来，其成交量和成交额几乎成几何级数增长。碳交易市场的运行一方面提高了企业等经济实体节能减排、减少碳源的积极性，进一步加大低碳技术研发的投入，鼓励发展森林碳汇、农业碳汇，使生态农业、绿色农业、有机农业等低碳农业不断发展壮大；另一方面也使二氧化碳等温室气体排放量以及废水废渣排放量较大的企业付出应有的代价，对其排放行为进行了有力的遏制，有力地促进了区域低碳经济发展（王冰、刘威，2010；杜莉、张云、王凤奎，2013；王增武等，2009）。

（二）国内低碳金融

国内碳金融发展相对滞后，只是参与国际 CDM 项目远期交易、碳基金运作、碳能效融资项目、碳结构类理财产品研发等的合作，在内蒙古等地开展具体的项目建设（张存刚、张小瑛，2010）。

八 县域低碳经济发展困境

鉴于上述影响县域低碳经济健康发展的因素的综合作用，目前我国县域低碳经济发展过程中还面临着如下一些困境。

（一）县域产业发展困境

一直以来，县域产业结构主要是以农业为主或是以初级加工工业、资源型工业为主，在第二、第三产业的企业规模构成中中小企业占据主要地位。第二、第三产业比重低、企业规模小、高耗能工业比重较大、现代服务业发展滞后。特别是经济社会发展水平较低造成的基础设施配套不完善，形成的产业空虚和较低的产业关联度，长期以来的粗放发展方式等短时间难以改变，低碳经济发展缺乏产业基础和科技支撑，既无法拉动相关产业发展，也不利于节能减排，不利于提高资源能源利用效率。

与此同时，县域发展，尤其是中西部地区县域经济发展总体上比较落后，在经济社会发展过程中的愿望相对于大中城市发展来说更为强烈。中西部地区县域在改革开放以来的对外招商引资过程中往往带有很大的盲目性，一定程度上成为东部沿海发达地区以及大中城市落后产能转移的承接地，在原有产业尚未完成低碳化改造的同时，又增加了很大部分已经落后的产能，使其产业结构更为扭曲，这进一步增加了低碳经济发展的难度。

此外，县（市）域范围内科技三项经费投入严重不足、研发力量相当薄弱、技术支持体系严重缺位等原因，使县域低碳经济发展举步维艰。

（二）农村生态环境困境

经济社会环境的协调健康发展是县域低碳经济发展的核心目标。然而，我国目前的农村生态环境仍面临如下一些困境。

1. 耕地面积呈不断减少趋势

近些年来，我国因每年修复整理以及农业结构调整等增加的耕地面积远小于因非农建设、灾毁、生态退耕等减少的耕地面积，保有耕地总面积呈现逐年减少的趋势（见表5－6）。与此同时，一些地方在增加耕地面积、确保占补平衡的过程中，往往呈现"占优补劣"等现象，补充耕地质量难以保证。补充的耕地区位条件变劣、土层厚度变薄、有机质含量变低，出现耕地贫瘠化，生态危险性进一步加大。耕地面积是确保粮食生产的基础，耕地面积逐年减少、耕地质量不断下降将会对我国的粮食安全问题产生重要而深远的影响。

表5－6　2009～2012年全国耕地面积增减变化情况一览

单位：万公顷

项目＼年份	2009	2010	2011	2012
增加面积	31.38	31.49	37.73	32.18
减少面积	23.20	42.90	40.68	40.20
实有面积	13538.46	13525.83	13523.86	13515.85

资料来源：国家环境保护部：《2013年中国环境状况公报》，2014。

2. 水资源短缺且污染严重

目前，我国水资源总量约28000亿立方米，居世界第六位，但人均水资源量常年保持在2000立方米左右，不到世界人均水资源的1/4，尤其是我国的华北地区，水资源供需矛盾极为突出（见表5－7）。

表5－7　我国水资源情况一览

项目	2004年	2005年	2006年	2007年	2008年	2009年	2010年	2011年	2012年	2013年
总量（亿立方米）	2419.6	28053.1	25330.1	25255.2	27434.3	24180.2	30906.4	23256.7	29526.9	27957.9

续表

项目	2004 年	2005 年	2006 年	2007 年	2008 年	2009 年	2010 年	2011 年	2012 年	2013 年
人均水资源（立方米）	1856	2152	1932	1916	2071	1816	2310	1730	2186	2059

资料来源：http：// data. stats. gov. cn/workspace/index?m = hgnd。

《2013 年中国环境状况公报》指出，全国地表水总体为轻度污染。在长江等十大流域的国控断面中，Ⅰ – Ⅲ类水质断面比例 71.7%，Ⅳ – Ⅴ类 19.3%，劣Ⅴ类 9.0%，尤其是黄河流域、海河流域、淮河流域、辽河流域的地表水质污染更加严重（见表 5 – 8）；国控 31 个重点湖泊，水质优良的只有 14 个，轻度污染的 10 个，中度污染的 1 个，重度污染的 6 个。在地下水环境质量 800 个国家级监测点中，水质优良、良好、较好、较差、极差的监测点分别为 10.4%、26.9%、3.1%、43.9% 和 15.7%，较差以下的水质监测点已占 59.6%，我国地下水质污染极为严重。

表 5 – 8　2013 年全国十大流域国控断面水质情况一览表

单位：%

	长江	黄河	珠江	松花江	淮河	海河	辽河	浙闽片	西北片	西南片
Ⅰ – Ⅲ类	89.4	58.1	94.4	55.7	59.6	39.1	45.5	86.7	98.0	100
Ⅳ – Ⅴ类	7.5	25.8	0.0	38.6	28.7	21.8	49.1	13.3	0.0	0.0
劣Ⅴ类	3.1	16.1	5.6	5.7	11.7	39.1	5.4	0.0	2.0	0.0

资料来源：环境保护部：《2013 年中国环境状况公报》，2014。

3. 水土流失不容乐观

我国现有土壤侵蚀总面积 294.91 万平方千米，占国土面积的 30.72%。其中，水力侵蚀面积 129.32 万平方千米，风力侵蚀面积 165.59 万平方千米，水土流失形势不容乐观。

4. 各类农业灾害频发

2004 ~ 2013 年，我国农业水灾、旱灾、风雹灾、冰冻灾等各类灾害的受灾面积和成灾面积仍处于较高水平（见表 5 – 9），农业发展环境仍待进一步提高。

表 5 - 9　2004～2013 年我国农业受灾和成灾面积一览

单位：千公顷

	2004 年	2005 年	2006 年	2007 年	2008 年	2009 年	2010 年	2011 年	2012 年	2013 年
受灾面积	37106	38818	41091	48992	39990	47214	37426	32471	24960	31350
成灾面积	16297	19966	24632	25064	22283	21234	18538	12441	11470	14303

资料来源：http：// data. stats. gov. cn/workspace/index?m = hgnd。

（三）县域体制机制困境

体制机制是地方经济社会发展，尤其是低碳经济发展的重要保障，它决定着低碳经济发展过程中能源资源的有效配置、高效利用等一系列问题。低碳经济发展不仅需要资本、技术、劳动力等经济要素的有效配置，而且需要体制机制的有效支持，才能保证能源资源的高效利用，减少或者避免二氧化碳等温室气体的排放量。县域低碳经济发展过程中的体制机制困境主要表现在体制机制不健全，制度运行效率低，制度强制力弱化，非正式制度缺位等方面（李艳芳、武奕成，2011；曹清尧，2012）。

（四）碳汇能力建设困境

改革开放以来，尤其是 1998 年我国发生特大洪涝灾害以来，退耕还林还草还牧还渔工作取得了明显效果，为碳汇能力建设奠定了较好的基础。然而，发达国家对碳汇仍未形成统一的认识，以及国内发展碳汇的体制机制性障碍，致使乱砍滥伐现象仍时有发生，碳汇人才严重匮乏，碳汇能力建设面临很大的困境。

第六章 县域碳排放估算[*]

县（市）域碳收支平衡情况是研究县域低碳经济发展的前提条件。在小尺度碳源与碳汇估算过程中，必须强调他们之间的可比性，应尽可能地选择可比性较强的同类型区，以实测值为依据，否则将严重影响碳排放的估算精度。

一 碳排放估算方法

一个县（市）域的碳收支平衡取决于碳排放（碳源）和碳吸收（碳汇）两方面（见图 6-1）。土地利用碳排放包括直接碳排放（生存型碳排放）和间接碳排放（发展型碳排放）两个方面。前者主要是指土地利用/土地覆盖变化（Land-Use and Land-Cover Change，LUCC）类型转变导致生态系统类型更替造成的碳排放，后者是指土地经营方式转变所驱动的碳排放。这里着重测算由人类活动所引起的主要土地利用类型的碳排放量和碳吸收量（王录仓等，2014）。

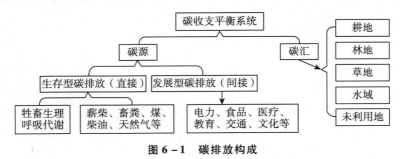

图 6-1 碳排放构成

由图 6-1 可以看出，碳排放主要包括城乡居民生活碳排放、农业土地

---

[*] 本章内容主要为王录仓、高静撰写的《基于小尺度的高寒牧区碳排放估算——以甘南州合作市为例》一文。

利用碳排放等方面，通过碳源、碳汇的计算，来预测碳收支平衡现状以及未来的发展趋势，以便于更好地构建县（市）域低碳经济发展机制。各县（市）域根据自身的比较优势确定低碳经济发展模式，选择低碳经济发展路径，更好地促进县（市）域低碳经济发展。

二　甘南州合作市案例

（一）合作市概况

合作市位于青藏高原东北边缘，境内平均海拔 2850～3500 米，寒冷阴湿，长冬无夏。年平均气温 1.1℃，年均降雨量 630 毫米。平均天然草地产草量（干草）1300 公斤/公顷，每公顷草场载畜量 2.4 个单位。合作市下辖卡加曼乡、卡加道乡、佐盖多玛乡、佐盖曼玛乡、勒秀乡、那吾乡、当周街街道办、伊合昂街道办、坚木克尔街道办、通钦街道办 6 个乡 4 个街道办事处，以及 8 个社区居委会、39 个村委会、258 个村民小组。国土面积 26.7×10⁴ 公顷，其中：草场面积 17.6×10⁴ 公顷，耕地面积 1×10⁴ 公顷。全市总人口 8.58 万人，其中：城镇人口 5.18 万人，占总人口的 60.4%；藏族人口 4.6 万人，占总人口的 54%。

（二）合作市碳排放计算

1. 数据来源

土地利用类型及面积数据利用合作市第二次土地调查资料（2008 年），其他经济社会数据来源于《合作市统计年鉴》（2011 年）。

2. 计算情况

（1）土地利用碳排放。对于耕地、林地、草地、水域、未利用地 5 种类型土地的碳排放量估算，采用直接碳排放系数法，其估算公式为：

$$E = \sum e_i = \sum S_i \times \delta_i$$

式中：E—碳排放总量；

e_i—各种土地利用类型产生的碳排放量；

S_i—各种土地利用类型对应的土地面积；

δ_i—各种土地利用类型的单位面积碳排放系数，排放为正，吸收为负；

$i = 1，2，3，\cdots$，分别代表各种不同土地利用类型。

已有的研究将土地类型分为 6 大类来计算，由于本项目研究区域尺度相对较小，加之有翔实的土地"二调"数据支持。为使计算结果更加可靠，一方面对土地利用类型参照"二调"标准进行细分；另一方面，对于土地利用类型碳排放系数的确定，首先选用有实测值的同类研究案例，如无实测值，则考虑地区、地域的可比性（见表 6 - 1）。

表 6 - 1　合作市各类用地年碳排放

类型		面积（公顷）	碳排放系数	碳汇系数	碳排放量吨/（公顷·年）	碳汇量吨/（公顷·年）
耕地		15006.05	0.0479	0.0007	718.79	10.54
林地		27136.79	—	0.0581	—	1576.65
草地		158515.18	—	0.0021	—	332.88
水域		1172.6	—	0.0253	—	29.67
建设用地	城市建设用地	675.84	1.765	—	1192.86	—
	农村建设用地	776.92	0.476	—	369.81	—
	交通用地	940.71	2.7923	—	2626.74	—
合计					4908.2	1949.74

（2）牲畜呼吸碳排放量。畜牧业在合作市经济体系中占有重要地位。牲畜从草地上摄取的营养元素的 80% ~ 95% 通过粪尿返还给土壤。畜粪中的碳一部分转变为土壤有机碳（SOC），另一部分则通过呼吸排放到大气中。在放牧草地生态系统中，17% ~ 72% 的生物碳在草地生态系统的内部循环（蔡国田、张雷，2006）。

牲畜呼吸释碳量（t/a）＝年均饲养总数 × e_i（t/a）。其中，e_i 是 i 类牲畜呼吸的平均释碳量（见表 6 - 2）。

表 6 - 2　合作市各类牲畜碳排放系数和碳排放量

		牛	马	绵羊	山羊	猪	合计
排放系数		0.796	0.542	0.068	0.069	0.082	
牲畜	数量/羊单位	453728.6	4193	129	13811.7	11820.8	483683.1
	所占比例（%）	93.81	0.87	0.03	2.86	2.44	100
碳排放量	排放量（吨/年）	361167.97	2272.61	8.77	953.01	969.24	365371.6
	所占比例（%）	98.85	0.62	—	0.26	0.27	

（3）城乡居民生活碳排放量。碳排放量根据联合国气候变化专门委员会（IPCC）碳排放计算指南（2008）。

$$E_{if} = k \times C_{if} \times R_{if} \times P_{if} \times O_{if}$$

其中，E_{if} 为 i 种燃料燃烧产生的 CO_2 量，单位为 tCO_2；

C_{if} 为 i 种燃料的消费量，单位为 t；

R_{if} 为 i 种燃料的热量转换系数，单位为 $TJ/10^3t$；

P_{if} 为 i 种燃料的单位含碳量，单位为 t/C；

O_{if} 为 i 种燃料的氧化系数；

k 为 CO_2 和 C 的质量比，取 44/12。

$$E_{ic} = I_{ic} \times C_{ic}$$

其中，E_{ic} 为第 i 类居民家庭消费产生的间接生活碳排放量，单位为 $KgCO_2$；

I_{ic} 为居民家庭第 i 类消费的年支出量，单位为元；

C_{ic} 为第 i 类家庭消费的 CO_2 排放系数，单位为 $kgCO_2$/元。

计算结果见表 6 - 3 和表 6 - 4。

表 6 - 3　合作市居民生活耗能统计表

单位：吨/年

能源消费项目		城镇居民消耗量	农村居民消耗量	折算系数	城镇居民碳排放量	农村居民排放量
生物质能	薪柴	27.61	73.64	0.3854	10.64	28.38
	畜粪	13.86	886.95	0.2467	3.42	218.84
	草皮	13.39	354.05	0.1143	1.53	40.47
	秸秆	25.59	116.80	0.2642	6.76	30.86
矿物质能	媒	145.56	17.16	1.2737	185.40	21.85
	汽油	48.00	9.49	1.6797	80.62	15.94
	柴油	28.74	6.94	1.7924	51.51	12.43
	液化气	60.66	1.17	1.2158	73.75	1.42
	天然气	26.50	0.95	1.8230	48.30	1.73
总计		389.91	1467.15		469.93	371.92

表 6-4　合作市居民人均消费性支出及其碳排放

支出项目	城镇居民消费（元）	农村居民消费（元）	碳排放系数	城镇居民碳排放量（千克/年）	农村居民碳排放量（千克/年）
电力消费	9.84	3.95	0.7404	9.51	4.42
食品消费	2598.18	1044.19	0.0161	41.88	16.83
衣着消费	1340.38	147.91	0.0314	42.05	4.64
居住消费	711.84	184.7	0.0695	49.49	12.84
家庭设备用品支出	504.21	73.44	0.0592	29.87	4.35
交通和通信支出	692.29	222.83	0.0178	12.33	3.97
文化教育、娱乐支出	606.56	83.41	0.0323	19.56	2.69
医疗保健支出	633.31	74.08	0.0327	20.69	2.42
其他商品和服务支出	303.81	35.35	0.1038	31.54	3.67
总计	7400.42	1869.86		256.92	55.83

（三）合作市碳排放态势与格局

1. 合作市碳排放态势

合作市碳排放从总体上看呈现"碳亏"态势。在碳排量中，土地利用碳排放量为4908.22吨/年，牲畜代谢碳排放3704.65吨/年，城乡居民生活碳排放15762.67吨/年，而碳汇量仅为1949.76吨/年，碳亏22425.78吨/年（见表6-5）。合作市地处高寒牧区，高寒缺氧的特殊环境，决定了土地利用方向和强度，决定了天然植被的类型和分布态势。全国第二次土地调查数据显示，合作市土地总面积209121.69公顷，农用地203276.14公顷，占土地总面积的97.20%。其中：耕地面积15006.05公顷，占总土地面积的7.18%；林地27072.73公顷，占12.95%；牧草地157395.94公顷，占75.27%，建设用地2073.07公顷，占土地总面积的0.99%。未利用土地（包括裸土地、裸岩、石砾地、田坎）仅占总土地面积的3.62%。全市土地利用率为97.80%，而土地垦殖率仅为6.09%，建设用地率为0.81%。可见在合作市土地利用结构中，农用地比重大且严重偏好牧草地，因此草地利用状况应是碳排放的关键性因子。但由于草地的贮碳能力相对较弱，且不稳定，因此尽管草地所占比例很大，但与林地相比，其碳汇量（332.88吨/年）仅为林地（1576.69吨/年）的21%。从自然生态环境基质上讲，高寒严酷的生态环境限制了碳汇效应更强的森林生态系统的发育，而与高寒环境相适应的草地生态系统则广泛分布，但由于其天生的弱碳汇能力，因此对区域整体碳汇的贡献度并不高，这决定了高寒牧区尽管分布有大量的草地，但无法改变碳亏的状况。另外，高寒草甸草原是高寒草原上最主要草地类型，在低温、湿润的环境中，高寒草甸土壤有机碳密度和储量巨大（Zhang J. X.，Cao G. M.，1999）。据 Yang 等的研究，高寒草甸平均土壤碳密度为 9.05 公斤/平方米，有机碳平均贮存量为 23.17 × 10^4 公斤/公顷（Yang et al.，2008）。由于高寒牧区草地畜牧业是主体，因此与草地面积相对应的牲畜释碳量相对较大，在牲畜释碳量中，贡献最大的是牛，其碳排放量占牲畜碳排总量的 98% 以上，这与牲畜种群结构大致吻合（见表 6-2）。如果再考虑动物的反刍释碳量，则牛的释碳量将会更大。根据食品与农业组织（FAO）统计，家畜排放的温室气体量占 18%（李艳玲，2008）。一头体重 250 公斤的牛每天排放 200 多克的甲烷，内蒙古白绒山羊在牧草旺盛期可产生 19.02g/d 甲烷（郭雪峰，2008）。要减少反刍动物温室气体排放量，要从提高单产，减少养殖数量，降低动物粪便等方面入手（李胜利、金鑫、范学珊等，2010）。

表 6-5　合作市各行政村（街道办）碳排放量

单位：吨/年

行政村（街道办）	土地利用碳汇	土地利用碳排放	牲畜代谢碳排放	城乡居民生活碳排放	总碳排放
当周街道	30.13	446.82	39.09	1101.16	1556.94
伊合昂街道	4.07	245.37	3.75	136.44	381.49
坚木克尔街道	11.14	500.89	18.63	1040.21	1548.59
通钦街道	1.01	257.29	0.91	73.37	330.56
海康村	5.10	58.22	47.31	297.74	398.17
格来村	5.65	65.13	42.89	314.13	416.50
新集村	103.41	142.56	110.21	596.29	745.65
香拉村	38.48	65.22	37.09	365.33	429.16
其乃合村	49.17	135.56	139.73	369.65	595.77
木道村	1.31	42.54	66.26	193.08	300.57
日加村	52.12	94.90	163.58	347.28	553.64
土房村	232.61	161.03	60.62	155.70	144.74
德合茂村	89.38	173.62	196.95	346.34	627.53

续表

行政村（街道办）	土地利用碳汇	土地利用碳排放	牲畜代谢碳排放	城乡居民生活碳排放	总碳排放
仁多玛村	34.46	113.07	301.00	587.89	967.50
当江村	106.96	160.44	183.40	325.00	561.88
新寺村	11.11	82.48	163.01	275.51	509.89
美武村	28.33	170.28	250.09	800.82	1192.86
地瑞村	7.39	89.12	90.83	465.21	637.77
岗岔村	100.74	164.96	155.00	484.55	703.77
扎代村	6.93	76.02	154.21	504.05	727.35
克莫村	15.19	58.18	75.28	282.35	400.62
地吾鲁村	3.04	31.76	38.28	130.55	197.55
阿木去乎村	161.45	79.31	109.91	448.19	475.96
峡村村	281.31	49.57	65.88	291.00	125.14
仁占道村	113.65	123.25	81.83	412.22	503.65
吉利村	23.71	96.66	96.93	387.62	557.50
罗哇村	40.38	84.14	87.66	351.18	482.60
邓应高村	61.97	42.12	25.68	195.95	201.78
加门村	13.52	85.64	55.88	283.00	411.00
俄河村	103.11	65.37	60.80	309.05	332.11
西拉村	25.63	115.94	153.71	659.33	903.35
麻木索那村	17.82	152.12	115.07	423.26	672.63
多河尔村	12.37	138.67	179.26	648.85	954.41
达洒村	15.08	54.84	29.03	181.96	250.75
麻岗村	24.69	49.35	22.94	203.26	250.86
加拉村	3.07	69.31	32.04	349.73	448.01
卡四河村	24.14	57.23	33.13	164.60	230.82
绍玛村	2.78	73.76	27.74	314.87	413.59
一合尼村	37.53	56.48	28.62	174.26	221.83
早子村	23.90	103.57	73.56	429.71	582.94
塔瓦村	25.92	75.43	86.86	341.98	478.35
合计	1949.76	4908.22	3704.65	15762.67	22425.78

城乡居民生活碳排放，在表现出共性的同时，也存在一定的差异性。总体而言，由于整体经济社会发展水平较低，消费能力有限，由食品、衣着、住房引致的碳排放占主导地位，其中城镇又以住房为主，而农牧村则

以食物为主。这从城乡居民家庭消费的恩格尔系数差异上可以得到佐证。2011 年，合作市城镇居民家庭恩格尔系数为 35.16，农牧民家庭恩格尔系数为 57.25，农牧村是城市的 1.63 倍。除了摩托车、电话机外，城镇居民消费耐用品（如洗衣机、电冰箱、移动电话、彩色电视机）的比例远高于农牧村，城镇居民还拥有很多高档耐用消费品，如家用电脑、淋浴热水器、摄像机等，而农牧村居民家庭中这些消费品的数量非常少。这在一定程度上也映射出农牧村的生存压力远高于城镇地区。通过比较发现，无论是城镇居民还是农牧村居民，其生活碳排放强度均小于全国平均水平（赖力，2010）（见表 6-6）。这反映了经济社会发展水平对碳排放的基础性作用。

表 6-6　合作市碳排放与全国比较

单位：千克

生活碳排放量	直接碳排放	间接碳排放	总碳排放量
城镇居民	469.93	256.92	726.85
农村居民	371.92	55.83	427.75
全国平均	753.47	401.12	1154.59

合作市位于高寒牧区，虽然是甘南州府所在地，但目前仍然处在传统牧业经济社会状态。这样的态势，决定了碳排放的强度与构成——无论是城乡，直接碳排放强度均大于间接碳排放强度。这表明，在生活水平低下的背景下，由生存引致的碳排放是主体，而由消费和发展引致的碳排放相对较弱。同时城乡间在碳排放构成中还存在一定的差异，城镇居民直接碳排放与间接碳排放比例为 1.8:1；而农牧村居民的这一比例为 6.7:1。这表明，在广大的农牧村，由于自然条件严酷，生存压力大，由生存压力而引发的碳排放占主导地位。

高寒缺氧的特殊环境，导致整个牧区的采暖期长达 7 个月，在能源替代性非常差的条件下，为了保证采暖和炊事用能，广大农牧村群众主要依靠畜粪和薪草等生物质能源。尽管国家和甘肃省、甘南州相继出台了许多政策，采取了一系列措施保护生态环境，受传统游牧生产生活方式的深刻影响和其他能源输入的制约，虽然部分牧户已推广使用了太阳灶、沼气池、节能灶、太阳能光电板，但无法改变能源消费结构仍严重偏好生物用能的现状。农牧民仍然通过烧畜粪、草皮等来解决燃料问题。在农牧村能源消费中，畜粪是主体（约占 31.4%），其次是薪柴和草皮（分别占 30.7% 和占 12.6%）（李胜利、金鑫、范学珊等，2010；蔡国田、张雷，2006）。因此在农牧村居民碳排放构成中，由畜粪、草皮和秸秆燃烧利用引致的碳排放量占 77.35%，仅畜粪一项就占 58.8%。尽管草—畜—粪的循环利用模式对碳排放有一定削减作用，但在目前的开发利用水平下，畜粪的燃烧仍然造成了大量的碳排放。相比较而言，城镇和近郊地区的能源多样性和替代性较强，煤炭成为城市工业生产、城市采暖的主要能源，其引致的碳排放占城镇居民碳排放总量的 39.45%。

2. 碳排放格局与碳汇格局

合作市碳排放与碳汇基本上呈反向分布态势，但总的碳排放格局取决于碳排放而非碳汇，空间分布表现为从城区—半农半牧区—纯牧区逐级递减的趋势。

碳汇的分布格局与林地和草地的分布格局具有高度的一致性。尤其是森林集中分布的洮河谷地（如勒秀乡峡村）和太子山区（如卡加道乡土房村）是典型的碳汇高值区，两个纯牧乡（佐盖多玛乡和佐盖曼玛乡）也是碳汇的重要区域。而人口密度较大、耕地较多的城区、郊区和大夏河及其支流（格河）谷地则成为碳汇的低值区（见图 6-2、图 6-3）。也就是说，以自然生态系统为主的林地及草地分布区，表现出较高的碳汇功能，而人口较为密集和耕地较多的区域，则为碳源。

从碳排放的收支情况看，即使在社会经济发展水平低下、人类活动扰动较弱、自然环境屏蔽性强的高寒牧区，总的碳排放仍然大于碳汇。除太子山区的土房村和洮河谷地的峡村外，其余各乡（街道办）均表现为"碳亏"状态。从人类活动的角度讲，尽管高寒缺氧环境一定程度上限制了人类的进入性和人类活动的强度，但由于州府所在地的政治地位和农牧交汇区的地域经济特征，合作市仍然吸引了相当数量的人口和经济要素。在自然和经济承载力均有限的条件下，全社会经济的发展，不可避免地驱动了人类消费水平的持续提高。即使在生产水平和消费水平依然低下的背景下，合作市仍排放大量的碳，并且生存型碳排放正在向发展和消费型碳排放转型。

可以直观地看出，合作市生活碳排放表现出明显的空间分异——从城区向边远纯牧区，碳排放强度大致由高向低递减，基本表征为圈层分异格局。城区和近郊乡村碳排放水平高，而向半农半牧区过渡时，碳排放水平有所下降，碳排放最少的是典型的纯牧区（如佐盖多玛乡和佐盖曼玛乡）。

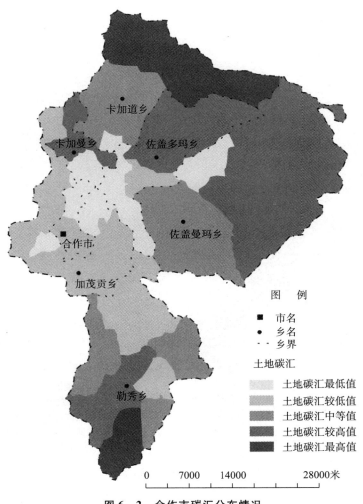

图 6 - 2　合作市碳汇分布情况

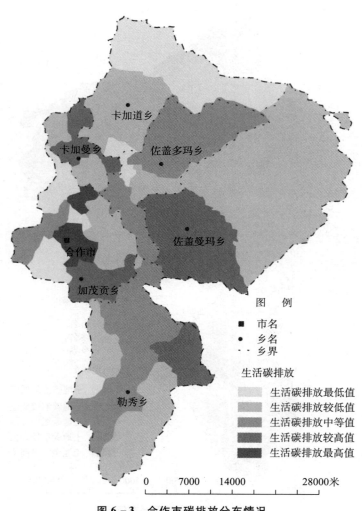

图6-3 合作市碳排放分布情况

第七章　县域低碳经济发展机制构建

自然生态环境是人类赖以生存的物质基础。自然生态环境又具有非竞争性和非排他性，是一种典型的公共产品。因此，在县域低碳经济发展过程中就需要相应的法规政策引导、科学技术支撑、空间结构优化、经济发展促动、低碳金融支持、生态环境约束、社会文化导向、耦合创新驱动等多种动力共同耦合作用，才能推动县域低碳经济健康发展。

一　法规政策引导机制

（一）理论依据

1. 外部性与政府税费控制

生态环境对二氧化碳等温室气体排放的承载能力具有一定限度，当温室气体排放量超过这一限度时，气候变暖便会产生一系列自然反应，对生态环境产生负面影响。加之生态环境容量是一种公共产品，公共产品的外部性导致这种负面影响无法完全通过市场机制自行解决。这时就需要政府通过适当征税或适当补贴等进行调节，以实现生态环境这一公共产品外部效应的内化（江小国，2013）。

2. 温室气体排放权许可交易机制

如何准确确定税率或补贴率使社会生产达到最佳状态并非易事，过高或过低都会对社会生产产生不良影响。只有当经济活动个体边际净产值和社会边际净产值相等时，才能达到消除外部性的目的。美国的许可证交易机制就是一个成功的实践，它包括总量限额交易制度和减排信用交易制度。

这种温室气体排放权许可交易机制使企业等经济实体拥有更大的选择余地，能够促进其持续减排，有利于政府降低减排管理成本，最终推动低碳经济健康发展。

温室气体排放权许可证交易机制的关键是要确定合理的严格的控制总

量，对企业等经济实体温室气体排放进行全天候监督管理，建立有效的激励机制，构建完善的法律法规保障体系，对政策的运行成本进行有效控制。

3. 税费控制与许可证交易机制选择

许可证交易机制与税费控制同等重要，前者可以更好地实现生态环境目标，后者为二氧化碳等温室气体交易提供基准价格，保证了公平（见图7-1）。由此可以看出，许可证交易机制与税费控制两者各有侧重，各有优势，有时需要综合运用。

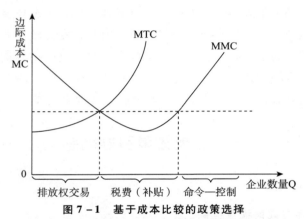

图7-1 基于成本比较的政策选择

注：MTC表示增加1个经济实体所增加的经济实体间交易成本，MMC表示增加1个经济实体所增加的政府管理成本。

资料来源：江小国，2013。

（二）实践检验

2010年吴力波根据政策矩阵架构与经验观察对低碳经济的相关资源环境管理政策进行了较为系统的总结（见表7-1），为各级政府完善和组织实施低碳经济法规政策奠定了基础。

表7-1 经济低碳化的政策工具

政策类别	政策工具	资源管理	污染控制
环境规制	技术	投入产出技术、能效测度技术	排污技术
	执行	水质标准、原材料采购限制、可再生能源达标制度	燃料质量标准、污染物排放标准、美国公司平均燃油经济性标准
	公共产品直接供给	欧洲、中国绿色能源直接供应	能源安全、倡导循环经济、有害污染物排放控制

续表

政策类别	政策工具	资源管理	污染控制
利用市场	征税	生态补偿税	环境税、燃料税、资源税、碳税
	收费	押金－退还制度	排污收费、排污权交易
	财政补贴	直接或间接补贴	减少或取消补贴
创建市场	可交易的许可证或配额	可转让配额、土地开发与农林业的流转权	排污许可证、美国限额排污交易计划、欧洲可再生能源发电配额交易计划
	国际补偿机制	可再生资源有偿回收	国际范围内排污许可证交易制度
公众参与	信息公布、公众参与、环保标签与自愿协议	空气质量预报、ISO1400标准、绿色或生态标签	印尼的污染控制评估和定级计划、德国工业气候保护宣言

资料来源：吴力波等，2010。

（三）法规政策体系设计

1. 健全低碳经济法规

近些年来，我国陆续出台了一系列有利于低碳经济发展的法律法规，但真正能够从根本上推动低碳经济发展的法律法规仍不完善。例如，要及时制定出台《低碳经济发展法》《气候变化应对法》等，以此明确自愿碳减排的目标，形成自愿减排的体制与机制，减缓和适应气候变化，促进科技自主创新，提高能源利用效率，优化能源结构，推动低碳经济健康发展（李艳芳、武奕成，2011）。

2. 完善低碳经济政策

市场经济体制下的低碳经济政策主要是根据市场需求趋势来调整供给方低碳产业间和低碳产业内部的资源分配与使用，以此实现低碳产业有效运行。具体涉及三个层面：宏观层面主要是推动产业发展低碳化，促进本国（地区）产业与全球产业链进行有效衔接；中观层面主要是调整本国（地区）产业之间的关系，促进产业结构不断优化升级；微观层面主要是调整产业内部各经济实体之间的关系，推动其技术不断革新进步、产品不断更新换代。低碳产业政策主要包括产业关系政策和产业运行政策。前者的目的主要是调整产业间的关系以及产业空间布局，即产业结构政策与产业布局政策。后者的目的主要是推动产业内部有效运行，包括产业运行技术和产业运行的微观基础，即产业技术政策和产业组织政策（江小国，

2013）。

由此可以看出，发展县域低碳经济既需要引导企业等经济实体发展的控制政策，还需要创建市场的相关政策，以降低政府控制成本，提高企业等经济实体节能减排的积极性。

（四）低碳法规政策驱动

综上所述，低碳法规政策在减少二氧化碳等温室气体排放、提升大气环境这一公共产品质量的过程中有着市场等机制无法替代的作用。法规政策在促进大气环境质量外部效应内部化、提升能源资源利用效率、推动产业结构转型升级、大力发展低碳技术、提高财税金融支持力度、更新社会文化理念等方面具有重要的推动作用（见图7-2）。

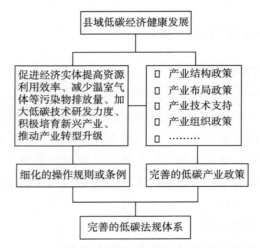

图7-2　低碳法规体系完善与县域低碳经济健康发展
资料来源：江小国，2013。

二　科学技术支撑机制

（一）科学技术对低碳经济的影响

科学技术在县域低碳经济发展过程中起着关键性的作用，其影响主要包括以下四个方面。

1. 影响低碳技术发展方向

低碳技术主要包括减碳技术、零碳化技术和去碳化技术三种类型。发展低碳技术必须有与之相适应的科学技术支撑体系，以便于为低碳技术创新提供保障。而科学技术支撑体系的建立与完善，必须要终始贯穿低碳理念，追求科技、自然、人三者之间的和谐，为低碳技术创新提供科学理论。

2. 有利于经济发展方式的根本性改变

低碳技术发展创新有利于改造提升传统产业，推动工业节能、建筑节能、交通节能等节能减排重点工程建设，发展新能源，优化县域能源结构；有利于提高能源资源利用效率；有利于培育壮大战略性新兴产业，形成县域低碳经济发展新的增长点。历史上的每一次科学技术革命，都使经济增长方式发生了根本性变化。

3. 有助于提升产品的附加值

科学技术支撑体系对县域低碳经济社会发展的影响主要体现在产品和服务的效益提升方面。传统产业低碳化改造，进一步拉长了产业链条，提升了产品和服务的科技知识含量，增加了高附加值产品的生产，提高了产品质量档次和附加值。因此，低碳技术的应用推广有利于提高县域资源能源利用效率，降低能源资源消耗，减少二氧化碳等温室气体废弃物排放量，降低生产成本，降低生态环境成本。

4. 有利于改变人们的生活方式

许可证交易机制使产品生产和服务中的二氧化碳等温室气体排放量实现了可视化，减排信用交易制度、绿色积分制度为消费者减少二氧化碳等温室气体排放量提供通道。低碳技术创新，尤其是低碳制度创新，促进了低碳理念的形成，改变了人们的生产生活方式，节能减排已逐步变成公民的自觉行为，为县域低碳经济发展奠定了良好的群众基础。

（二）县域低碳经济发展过程中存在的科技问题

目前，我国县域经济社会发展过程中的科技人员数量、科技研发投入以及科技成果的推广应用等仍然存在诸多问题，尤其是产学研的相互脱节，又造成了很大的人、财、物的浪费。县域产业主要为资源密集型和劳动力密集型的初级加工工业，能源生产和利用、工业生产等领域的技术水平落后，技术开发能力较差，产业体系薄弱，落后工艺所占的比例仍然较高。加之先进技术的严重缺失，使得县域产业发展仍然处于"高投入，高能耗，高排放，高污染，低效益"的状态，陷入了所谓的"锁定效应"之中，这也将进一步增加未来县域经济由"高碳"发展模式向"低碳"发展模式转变的成本，严重影响县域低碳经济健康发展。

（三）县域低碳经济发展的科技支撑体系

县域低碳经济社会发展过程中需要科技体系的有力支撑。科技支撑体系主要由科技资源投入、科技组织运作和低碳科技产品三部分组成，是低碳经济知识研究子系统、低碳经济技术创新子系统、低碳知识和技术传播子系统、低碳经济中介服务子系统、低碳经济科技资金保障子系统、低碳经济科技监督和监测子系统相互联系、互促互进的一个复杂系统（见图7－3）。低碳技术是一个跨学科、跨行业的领域，只有通过低碳科技各子系统之间的良性互动，才能提高低碳技术创新在县域低碳经济发展过程中的支撑能力，形成低碳技术投入研发和推广应用的合力，才能实现县域低碳经济健康发展所需要的低碳技术创新目标，使县域低碳经济发展朝着优化健康的方向前进（刘勇、张郁，2011）。

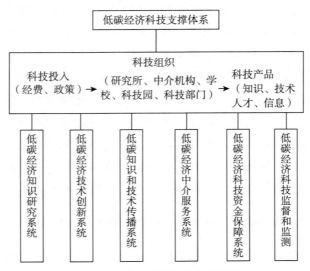

图 7－3　县域低碳经济科技支撑体系

资料来源：刘勇、张郁（2011）。

（四）科学技术创新驱动

创新是永恒的主题，创新有利于县域低碳经济法规制度的不断完善，有利于县域低碳科技支撑体系的构建，有利于县域低碳城乡空间结构的优化，有利于县域能源产业的科学合理布局，有利于县域资源能源利用效率的不断提高，有利于县域产业结构的及时转型升级，有利于县域低碳经济社会的健康发展。尤其是科技支撑体系的不断创新，对县域低碳经济发展的各个领域起到了强有力的基础支撑作用（见图7－4）。

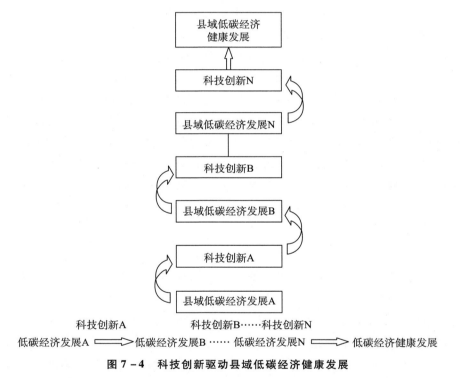

图7－4 科技创新驱动县域低碳经济健康发展

三 空间结构优化机制

（一）问题的提出

2003 年党的十六届三中全会提出并实施统筹城乡发展战略（五个统筹之首），2005 年党的十六届五中全会提出建设社会主义新农村，2008 年 1

月 1 日起实施《城乡规划法》，2013 年党的十八届三中全会提出"城乡二元结构是制约城乡发展一体化的主要障碍"。"必须健全体制机制，形成以工促农、以城带乡、工农互惠、城乡一体的新型工农城乡关系，让广大农民平等参与现代化进程、共同分享现代化成果。"[①] 目前在全国范围内实施的不以牺牲生态和环境为代价、不以牺牲农业和粮食生产为代价，实现快速信息化、新型城镇化、新型工业化与新型农业现代化协调发展的"四化"同步发展战略，其重要目之一就是统筹城乡发展，有序推进城乡一体化，其空间响应就是城乡空间结构优化，尤其是县域空间结构的优化重组。

专家学者对区域空间结构研究集中在全球层面、国家层面、省域层面和市域层面（地区层面）的空间结构演变过程、演变机理和优化重组等方面，尤其是集中于对这些空间尺度范围内的城镇体系（区域城镇空间结构）研究（顾朝林，1992；顾朝林，2000）。目前，我国县域城乡空间结构仍然是在传统农业经济时期马车步行交通方式下形成的，"三里一村、十里一店（集镇）"的城乡空间结构现状描述仍然是传统农业经济时代平原地区城乡空间分布的真实写照，也是传统农业生产发展和产品交换的需要，这种城乡空间分布现状已经不能满足农业产业化和现代农业发展的需要，已经成为县域低碳经济发展的桎梏，县域城乡空间结构优化重组迫在眉睫。

（二）空间结构优化促动作用

空间本身是一种经济发展资源，也是一种稀缺资源。城乡空间结构主要体现在对经济活动、社会活动、生态活动的组织作用等方面，具有重要的经济社会与生态环境意义。Friedmann（1966、1973）、Haggett（1971、1977）等学者较早地进行了区域空间分析，他们从运动、通道、节点、流、网络和等级体系等方面研究了区域空间结构演变过程与驱动因子，提出了"增长极"等区域空间发展模式。Taaffe、Morrill and Gould（1963）认为距离要素是最重要的空间结构要素。Friedmann、李斯特、赫希曼、罗斯托、钱纳里、胡佛－费雪、萨米尔·阿明等学者相继提出了区域发展阶段与城镇空间结构演化的一一对应状况，成为区域城镇空间结构发展、演变与调控的重要理论依据。然而，城镇的发展并不是孤立存在的。空想社

[①] 习近平：《习近平谈治国理政》，外文出版社，2014，第 81 页。

会主义者的"乌托邦"、马克思和恩格斯的"城乡融合理论"、Howard 的"田园城市"理论、Saarinen 的"有机疏散理论"、Christaller 的"中心地理论"等理论研究与实践探索为城乡空间结构优化研究奠定了理论基础。McGee 根据其对东南亚地区的研究提出了"城乡融合区"，即 Desakota 模式。Wright 及 Stein 提出了城市空间发展与自然生态空间相融合的区域城市（Region City）发展模式。Kunzmann and Wegene（1991），Tosics（2004）则从人居环境方面分析了欧洲的可持续发展以及欧洲的空间结构发展状况。Scott（1996），Tdtling and Trippl（2005），Lambooy and Boschma（2001），Moulaert and Skeia（2003）对不同产业、不同地区的空间融合与区域创新政策进行了较为深入的研究。Downing and Patwardhan（2004），Smith，Tran and 'Neill（2003），Kasperson et al.（2005），Adger（2003，2005）对气候变化背景下人类在区域空间发展过程中应采取的对策措施进行了相应研究。

国内有关专家学者通过实践检验总结提炼出国家层面的"T"形开发模式、"π"形开发模式、沿江开发模式、沿边开发模式等空间发展战略，以及"对称分布理论模式"、城市组群的三个等级、三大梯队四大板块，等等；省域层面则提出了"双核结构理论模式"，城市组群的三级多核圈层模式，城市群的发育发展、空间一体化、生态空间结构优化以及空间整合发展研究，省域及局部地区的城镇体系分形、城镇分形与水系空间耦合、空间发展态势、空间发展战略、空间布局优化研究，省域经济空间结构演变过程与演变机理、联系方向与联系强度、优化调控与实证分析，省域发展及空间发展战略研究，等等；地区层面的空间结构研究主要有中国科学院《西部开发重点区域规划前期研究》中提出的西部开发应重点培育三大都市区经济和"兰州—白银"、滇中、天山北麓、"呼和浩特—包头—鄂尔多斯"、"银川—吴忠"、"南宁—钦州—防城港—北海"、黔中七个城市群，使其成为地区经济发展的增长极，以及省际边缘区的廊道组团网络化城镇空间结构优化模式，等等。另外，专家学者们还进行了相应的区域空间演化模拟研究以及相关区域的城市组群空间结构研究，后者主要包括城市组群的宏观空间布局、空间结构形态演变机制、空间扩展模式等方面的研究。由此可以看出，空间结构优化在区域低碳经济发展过程中有重要的促动作用。县是我国行政单位中一个超稳定的层次。专家学者对县域经济发展态势、社会文化建设、城镇化水平、城镇空间结构、新市镇建设、资源开发利用、生态环境保护等的空间结构优化进行了相关研究（石忆邵，2003；石忆邵，2007），其空间响应即县域空间结构优化。因此，县域空间结构优化对县域低碳经济发展也具有重要的促进作用。

（三）空间结构优化内容

县域低碳经济发展过程中空间结构优化的内容主要包括以下三个方面。

（1）优化县域产业空间布局，促进产业集群集约发展。根据劳动地域分工和县域比较优势优化县域产业布局，不断形成特色产业集群，推动产业集群集约发展，推进产业低碳化发展。

（2）优化县域城乡空间结构，推进城乡统筹一体发展。根据经济发展水平的差异，可在县域范围内选择县城、2~3个重点镇以及若干中心村进行重点建设，实施"万村整治，千村提升"工程，形成城乡互动、城乡一体、城乡共赢的局面。

（3）优化县域交通、水利、电力、文化、教育、科技、卫生等基础设施配置；优化县域生态空间结构，使生态节点、生态廊道、生态斑块、生态基质融为一个有机整体。

县域空间结构优化，尤其是产业布局、城乡居民点布局等方面的空间结构优化，使县域经济社会以及生态环境发展过程中的资源能源利用效率进一步提高，使资源能源消耗量不断降低，使二氧化碳等温室气体排放量不断减少，降低对生态环境的污染，最终推动县域低碳经济健康发展（见图7-5）。

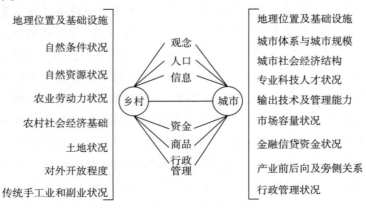

图 7-5 县域城乡互动示意

四　经济发展促动机制

经济发展是指一个国家或地区人均实际福利的增长过程，既包括社会财富总量的增多，也包括社会财富质量的提升，即经济结构、社会结构的变化，投入产出效益的提高，人民生活质量的改善等。低碳经济发展是经济发展的高级化，是经济发展的必然趋势。那么，传统经济发展如何过渡为低碳经济发展？如何促进低碳经济发展？前已述及，低碳经济是相对于传统经济发展模式的"高碳"经济而言的。因此，在经济发展过程中，能源结构的优化调整、低碳新兴产业的培育发展、产业结构的转型升级、经济增长方式的转变、经济质量效益的提高等多方面的变化都有力地推动了县域低碳经济发展。

（一）能源结构调整促动

县域能源结构调整将有力地推动低碳经济发展。总体来说，我国县域经济在发展过程中，能源结构仍然是煤炭、油气等化石能源占很大的比例。随着我国《环境保护法》《大气污染防治法》《循环经济促进法》的深入实施，尤其是《可再生能源法》的实施，开发利用可再生能源和清洁能源等新能源的力度越来越大，县域范围内的沼气利用、光伏产业发展等越来越广泛，县域能源结构在进一步调整优化，即原来煤炭、油气占绝对比例的能源结构在不断地调整优化，这将逐步改变原来的高投入、高能耗、高排放、高污染的局面，逐步向低投入、低能耗、低排放、低污染方向转变。因此，县域能源结构调整优化有力地促动了县域低碳经济健康发展。

（二）新兴产业发展促动

根据低碳经济发展的相关法规制度以及我国节能减排的要求，县域经济发展过程中的高耗能、高污染、高排放的产业势必受到控制，电子产业、信息产业、新材料产业、新能源产业等一些新兴产业受到激励将不断兴起。这些新兴产业与传统产业相比，具有低能耗、低排放、低污染（或零污染）的特点。从长远发展来看，这些战略新兴产业必然在未来经济发展过程中起到决定性作用。为此，在县域经济发展过程中，战略性新兴产业发展要立足县情，要与改造提升传统产业相结合，与发挥区域比较优势相结合，与产业结构转型升级相结合。按照国家、省、市产业政策要求，以建设资源节约型、环境友好型社会为目标，结合本县域的技术优势、产业基础、人力资源条件等，科学确定产业布局，加快培育创新能力强、产业配套完备、符合节能减排要求并各具特色的战略性新兴产业，以此推动县域低碳经济持续发展。

（三）产业结构优化促动

相对于城市经济发展来说，县域经济欠发达，生产效率较低，资源能源利用粗放，多为低端的下游产业，支柱产业特别是优势产业仍处于高消耗、高排放、高污染的状态。目前来看，在产业结构中，钢铁、有色冶金、化工、建材等高耗能、高排放、高污染的产业仍占较大比重。农业在发展过程中，主要靠增施化肥、喷洒农药等方式提高农业单位面积产量，绿色农产品、有机农产品产值在农业生产总值中所占比重仍然较低。根据国家"十二五"的节能减排任务要求，县域资源依赖性强，技术水平整体落后，能源资源利用效率不高，污染排放严重的一些企业面临"关、停、并、转"调整。县域产业结构调整优化，使得产业转型升级，既加快了工业化步伐，推动了经济社会发展，提高了人民生活水平，也减少了废弃物排放，降低了对生态环境的污染，使温室气体等废弃物排放保持在县域生态环境所能够容纳的范围之内。因此，县域产业结构调整优化对低碳经济发展具有重要的促动作用。

（四）转变经济发展方式促动

转变县域经济发展方式，关键是要从县域实际出发，确立正确的发展思路。

（1）不断提高能源资源利用效率。以最少的投入、最少的排放、最小的污染或零污染，获取最大的效益。

（2）充分发挥市场机制在优化配置资源能源中的作用。将能够市场化的生产要素全部市场化，通过市场机制优化配置资源能源，充分发挥县域资源要素潜力，促进各种所有制经济形式公平参与市场竞争，以此促进民营小微企业快速发展。根据市场供求机制，深化资源环境税费制度改革，稳步推进金融利率、汇率市场化改革，进一步加大金融支持县域低碳经济发展的力度。

（3）进一步加强产学研的有效融合。要以市场需求为导向，促进科技创新，促进企业等经济实体加强研发平台建设，加大科技创新投入，尤其是低碳技术的研发投入，促进高等院校、科研院所和有关企业的有效衔接，使其融合为一个有机整体，提升科技在经济发展过程中的贡献率；加强知识产权保护力度；积极探索创新人才的培养和激励机制，强化创新驱动的教育和人才基础。

（4）改善民生，增强消费对经济增长的基础性拉动作用。这就需要有序推进新型城镇化，鼓励农业转移人口市民化，鼓励中小企业在城镇产业集聚区（工业园区）集约经营，集群发展，加快淘汰落后产能，加快产业重组，促进产业从价值链低端向中高端延伸，提升产业整体素质。

（5）大力推动城乡统筹发展。根据国家以城带乡、以工补农的要求，要不断健全完善城乡公共服务体系，加快城乡生产要素无障碍有效流动，推进城乡一体化发展，让城乡居民共同富裕起来。

（6）优化能源结构，提高能源利用效率。要促进能源生产方式、利用方式进行根本性变革，大幅削减化石能源消费总量，大力开发利用风能、水能、太阳能等可再生能源，大力发展清洁能源，提高清洁能源在能源结构中的比例；加大能源高效利用技术的研发投入力度，促进节能技术产业化发展；加强工业、建筑、交通等节能技术体系建设。

五　低碳金融支持机制

（一）金融支持低碳经济发展的理论基础

1989年日本经济学教授 Kaya 在联合国气候变化专门委员会（IPCC）会议上提出通过数学公式将人类活动中环境污染因素进行分解，分析影响环境变化的因素。在 Kaya 公式中，二氧化碳排放量取决于人口规模、人均国民生产总值、单位产值能耗以及单位能耗排放四个因子。

$$C = \frac{GDP}{P} \times \frac{E}{GDP} \times \frac{C}{E} \times P$$

其中，C 表示二氧化碳总排放量，影响碳排放量的因素有人均生产总值（GDP/P）、单位生产总值能耗（E/GDP）、单位能耗排放（C/E）以及人口（P）。

不过，Kaya 公式忽略了技术因素。技术因素主要是指通过技术手段提高能源利用效率，支持经济增长与环境保护协调发展。能源利用效率提升，需要国家政策引导和财政金融支持。金融作为现代经济发展的核心，为经济发展提供了货币资本，支撑经济持续增长。在低碳经济领域，信贷资金能够调节能源开采程度、使用效率，继而影响碳排放量。

郭福春、潘锡泉（2011）通过单位检验、协整检验等方法定量分析了金融支持浙江省低碳经济发展及其影响机制，发现经济增长、人口规模效应和能源使用效率低下依然是浙江省二氧化碳排放量剧增的主要原因，而金融信贷服务支持能够有效降低二氧化碳排放量，对浙江省低碳经济发展具有强劲的"推进效应"。

$$C = \frac{GDP}{P} \times \frac{E}{GDP} \times \frac{Credit}{E} \times \frac{C}{Credit} \times P$$

王晓芳、于江波（2013）以信贷资金为例，对 Kaya 公式进行改进，引入单位能耗信贷（$Credit/E$）和单位信贷货币碳效率（$C/Credit$，即单位信贷资金中所含碳排放量）等影响因素。实证检验表明，货币能够引导资源流向，地区信贷配给不同，会导致碳排放量存在很大差异。

（二）金融支持县域低碳经济发展机制

1. 县域内部信贷支持低碳经济发展长效合作机制

信贷资金支持能够有效抑制县域碳排放量增长，推进县域低碳经济发展。信贷资金支持县域低碳经济发展，需要政府部门、信贷机构、信贷市场和低碳企业等多方共同参与，形成良性互动的长效合作机制。地方政府要充分发挥其宏观管理职能，根据区域实际情况，制定低碳经济发展规划，建立完善相关规章制度和政策；适时加强信贷市场宏观调控，做好开展低碳经济信贷业务的金融机构的监督管理。信贷资金支持县域低碳经济发展，主要通过信贷市场的直接融资和金融机构的间接融资两条路径，为低碳企业提供资金支持。信贷市场上的金融创新，可以为低碳企业提供直接融资。而金融机构开展信贷创新，也可以为低碳企业提供间接融资（见图 7－6）。

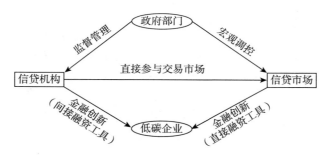

图7-6　县域内部信贷支持低碳经济发展合作机制

2. 县域之外信贷支持低碳经济发展长效合作机制

基于信贷资金支持低碳经济发展的多方参与，县域（区域）之外的政府部门、金融机构、低碳企业必须建立有效的长期合作机制（见图7-7）。县域之外金融支持低碳经济发展合作机制是一种多方参与、动态发展的过程。它与县域内部金融支持低碳经济发展合作机制同时运行，动态互补，共同促进低碳经济健康可持续发展。地方政府及相关职能部门之间应加强交流合作，建立战略合作关系，在低碳经济发展规划、信贷规章制度出台以及相关政策的健全完善等方面加强沟通交流，推动县域比较优势互补，互利共赢，共同发展。加强县域之外信贷机构之间的业务交流，分享信贷产品创新经验，探索适合跨县域合作运营的信贷产品，推进跨县域低碳经济协调发展。信贷市场作为低碳经济发展直接融资的主要渠道，也应尝试交易融通，适时开发和推出适合跨县域的交易模式和交易产品。加强不同低碳企业投融资经验交流，分享心得，积极参与跨县域的投融资活动。

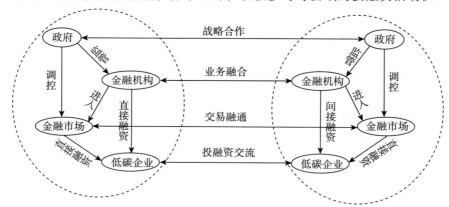

图7-7　县域之外信贷支持低碳经济发展合作机制

（三）低碳金融体系构建

拥有一个体制完善、运行良好的碳金融支撑体系，才能为县域低碳产业发展提供多渠道和稳定良好的融资平台（见图7-8）。

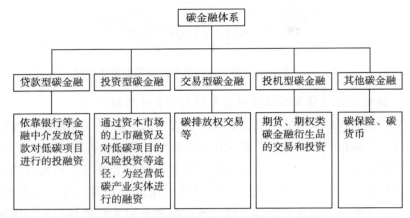

图7-8 碳金融体系架构（金融产品维度）

资料来源：刘勇、张郁，2011。

（四）低碳金融创新产品对低碳经济的促动

创新低碳金融产品就是要根据低碳经济发展的需要和我国县域的实际情况，设计创新出各种各样的碳金融产品，充分发挥融资共性和金融机构的中介功能，引导整个社会都参与到低碳经济发展过程中，共同推动县域低碳经济发展。创新低碳金融产品是一个创新性系统工程，需要地方政府、金融机构、低碳企业多方的协同配合，以便充分发挥信贷资金在县域低碳经济发展过程中的积极作用。

1. 地方政府要加大政策扶持力度，充分发挥信贷支持作用

信贷资金对县域碳排放量控制具有积极影响。因此，各地方政府部门和监管部门要及时出台有利于低碳经济发展的倾斜政策，鼓励金融机构积极参与节能减排领域的信贷活动。同时，地方政府还要加大财政资金在低碳经济发展方面的引导作用。例如，为亟须发展的低碳环保产业提供绿色贴息贷款，采取低碳项目贷款额度内存款准备金要求适当减免，增加项目贷款利率的浮动范围，出台与绿色贴息贷款相关联的信贷规模指导政策，促使金融机构业务向绿色低碳企业倾斜，等等。

2. 金融机构要积极提供信贷服务，推进地区低碳产业发展

金融机构应及时抢抓低碳经济发展的有利时机，积极创新金融信贷产品。金融机构要根据低碳企业在行业中所处的不同地位及其对产业结构转型升级的影响力，提供差别化信贷资金支持，促进低碳企业自主创新，推动低碳产业健康发展。

对于重点建设的特大型低碳企业或重大低碳项目，金融机构要及时启动县域内部信贷支持合作机制，为重点建设的低碳企业发展提供全方位的金融服务和强有力的资金保障。对于在低碳产业链中有较强辐射作用和行业带动作用的核心企业，信贷机构不仅要为核心企业提供贸易融资，而且要为核心企业的上下游企业提供产业链融资，以期带动整个产业链向低碳经济转型。对于掌握高新技术的新材料生产企业，信贷机构还可向其提供知识产权质押、股权质押等新型担保方式融资或并购贷款融资等新型金融产品，使该类企业能够快速提升市场竞争力，能够及时对传统高碳产品形成替代能力。

3. 县域之间信贷机构要积极合作，促进低碳经济协调发展

信贷支持县域低碳经济发展，仅仅强调地方金融机构的作用是远远不够的，还要从更大区域乃至全国的层面出发，推动县域之间低碳经济协调发展。为此，要及时启动县域之间信贷机构有效合作机制，推进相关政府部门、信贷机构和低碳企业之间的交流沟通，在信贷支持力度、金融产品创新等方面加强合作交流，提升跨县域金融机构信贷支持低碳经济发展的合力，共同推动县域之间，乃至全国低碳经济的健康发展。

六 生态环境约束机制

（一）资源环境约束县域低碳经济发展的理论依据

碳循环理论认为地球上的碳循环过程包括碳源和碳汇两个方面：碳源增多，将使大气温室效应增强，气候变暖，并影响人类的生产生活；碳汇可吸纳大气中的二氧化碳等温室气体，对气候变暖有着重要的抑制作用。生态足迹以及环境库兹涅茨曲线强调在一定的科学技术水平条件下，资源环境的承载能力或容纳能力都具有一定的限度，包括大气对温室气体的容纳都有一定限度，若超过这一限度，气候变暖加剧。因此，要保持人类经济社会健康可持续发展就必须以生态足迹理论、环境库兹涅茨曲线理论、可持续发展理论为依据，在保持大气碳平衡的前提下测算预计大气可容纳的二氧化碳等温室气体数量，依此设计全球碳排放目标，并根据各国、各地区、各县域的经济发展水平、能源结构等情况，将目标进行分解，以此约束高耗能、高排放、高污染的企业等经济实体的发展，促进低能耗、低排放、低污染、高增长的企业等经济实体的发展，最终促进县域低碳经济健康发展。

（二）资源环境对经济发展的约束

如果没有资源约束，县域经济发展就可以永远持续推进。县域经济发展的本质就是对能量的使用、消耗和转化行为。经济全球化过程中的资源要素全球流动和配置，以及一定时期内科技条件的限制，资源短缺，尤其是一些不可再生资源的枯竭，已对经济发展产生约束，即形成资源约束线（见图 7 - 9）。

县域低碳经济发展的首要问题就是环境约束，即二氧化碳等温室气体排放目标的限制。也就是大气生态环境对发展经济所带来的温室气体污染（熵）的容纳和消化能力。工业革命以来，许多国家的经济增长大多建立在能源资源大量消耗的基础上，从而导致系统内熵的不断积累，包括"三废"的大量增加。熵增加产生的生态环境的负外部性影响自身和其他国家的健康发展，最终导致生态系统功能的不断弱化。例如，全球气候变暖而引起的一系列生态环境问题。低碳经济健康发展依赖于生态环境的健康运行，大气生态系统的碳收支平衡是实现县域低碳经济发展的基础。然而，地球上的大气圈在一定时期内容纳以二氧化碳为主的温室气体的能力有一定限度，从当前的雾霾天气频繁发生、极端灾害性天气不断增加、生物多样性快速减少、全球气候变暖生态危机事件来看，生态环境对经济发展的约束作用是相当强大的，在一定程度上甚至要大于资源危机的约束力。只有在低碳经济条件下其边界半径才可能大于资源约束线的边界半径（见图 7 - 9）。由此可以看出，要使县域经济社会健康可持续发展，必须采用低能耗、低排放、低污染的低碳经济发展模式，以扩大环境约束线的边界半径，提高县域经济社会环境发展的可持续性（魏钢焰、周翼翔，2013）。

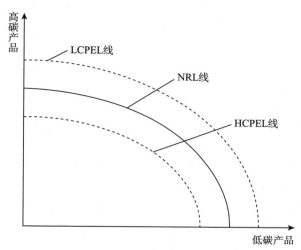

图 7 - 9　环境与资源对社会发展的约束

注：LCPEL 为低碳经济的环境约束线，HCPEL 为高碳经济的环境约束线，NRL 为自然资源约束线。

资料来源：魏钢焰、周翼翔，2013。

七　社会文化导向机制

社会文化对县域生产关系、经济政策和经济机制均产生重要影响，对县域低碳经济发展具有重要的导向促动作用。

（一）低碳产品是人类社会文化的本质需求

随着经济社会发展水平的进一步提高，人们的消费需求不是简单的吃饱穿暖问题，而是吃得好、穿得好、精神快乐等更高层次的需求，例如人们对营养、住房、健康、教育以及环境质量等方面的要求。满足这些要求的物质手段主要包括自然财富与人工财富两大类。自有人类历史以来，人们不断地对自然财富进行加工、利用与改造，使得生态系统内的自然财富逐渐达到资源能够承载的上限，自然资源日渐稀缺，其价值不断提升。与此同时，随着科技进步，人工财富大量增加，并出现经济过剩现象。例如，近年来我国雾霾天气持续天数不断增加，影响范围不断扩大，原来习以为常的清洁空气，现已成为珍稀资源，出现了"天然氧吧"等商品和旅游产品。因此，以节约利用自然能源资源、减少二氧化碳等温室气体排放、保护大气生态环境为宗旨的低碳经济，是人类最明智和最理性的科学发展路径。

（二）社会文化需要对低碳经济发展的促动作用

随着人们生活水平的不断提高，尤其是我国的温饱问题基本解决以来，人们开始更多地关注生活质量与幸福感的提高，其结果是国民幸福（Gross National Happiness，GNH）指数的出现与倡导。社会价值等级安排则是以更为全面的社会发展价值指向统筹各方面的社会进步，以增强社会成员的生活满意度与幸福感。

根据经济学的边际效用理论，人类经济发展过程中的自然财富与人工财富存在两条相反的边际效用曲线（见图 7-10）。

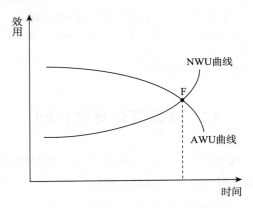

图 7-10 自然财富与人工财富效用线

资料来源：魏钢焰、周翼翔，2013。

图 7-10 中，NWU 为自然财富效用曲线。AWU 为人工财富的效用曲线。U 为效用（GNH 指数），F 为两种财富效用曲线的交点。

这一过程反映在需求上的变化就是，消费需求曲线不断变陡，消费者使用少量的低碳产品就能产生大量使用高碳产品的效用，低碳产品对高碳产品边际替代率（边际效用）不断提高（见图 7-11-A），预算线 L 的斜率逐渐提高并不断右移，导致消费曲线（ICC）不断向低碳产品方向移动（见图 7-11-B），如果将预算线 L_1、L_2、L_3 逐一平行移动到资源约束边界线（生产可能性边界），从切点移动的轨迹可以看出（见图 7-11-C），在消费成本既定的条件下，理性的产品制造商必然会生产更多的低碳产品来替代高碳产品以谋取利益最大化，从而促使生产方式向低碳经济转型

（魏钢焰、周翼翔，2013）。

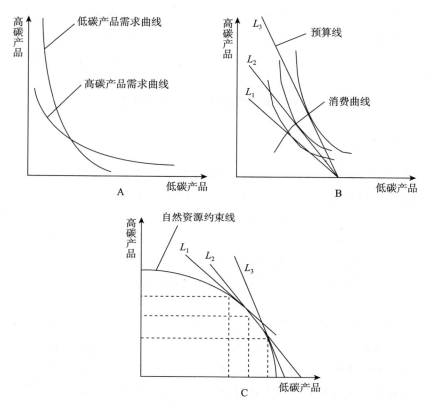

图7-11 低碳产品需求替代高碳产品演化路径

资料来源：魏钢焰、周翼翔，2013。

（三）社会文化导向机制构建

1. 全面树立低碳经济发展理念

县域社会发展要全面倡导低碳绿色生态的生活方式，使低碳经济理念落实到社会生活的各个方面，以形成浓厚的低碳文化生活氛围，使低碳理念成为社会共同的行为准则。低碳绿色生态是人类未来发展的必然趋势。

2. 完善健全低碳经济制度体系

创新体制机制，完善低碳经济制度体系。例如，制定完善促进县域低碳经济发展的专项规划；建立健全推动清洁能源开发利用的高效运行机制；建立激励碳汇生产的制度体系；建立健全碳交易体制机制；等等。

3. 努力开发低碳产品

县域各级政府部门要通过制度创新引导企业等经济实体大力研发和生产各类低碳产品，限制"三高"产品生产。例如，要大力发展新能源电动汽车、公共自行车、节能建筑、生态农业等（魏钢焰、周翼翔，2013）。

八　耦合创新驱动机制

（一）耦合创新驱动的理论基础

张治河构建了包括技术系统、政策系统、环境系统和评价系统四个子系统的产业创新系统。柳卸林则建构了我国不同产业的产业创新系统模型。这些理论均说明县域低碳经济系统的高效运行，是建立在法规政策引导、科学技术支撑、空间结构优化、经济发展促动、低碳金融支持、生态环境约束以及社会文化导向等子系统之间相互耦合和高效运行的基础之上的，以各子系统的相互耦合与高效运行为前提条件。（谷立霞、王贤，2010）。

因此，县域低碳经济发展过程中的耦合创新系统建构，必须突出企业等经济实体在产业创新以及产品创新中的主体地位，充分发挥市场机制对科技资源的优化配置作用，充分发挥政府部门的宏观调控引导功能，着力搭建行业共性需求而中小微企业自身又无法独立进行创新的产学研联姻平台，保障产业低碳化技术知识的有效流动，最终推动县域经济发展过程中各种低碳化创新活动的协调推进。

（二）耦合创新驱动机制构建

概括而言，系统建模就是将一个实际系统的结构、功能、输入－输出关系，用数学模型、逻辑模型等描述出来。县域低碳经济发展过程中耦合创新系统的逻辑运营管理表明，所有输入的资源要素根据其转换特性可以分为转换类和待转换类两大类型。这两大类型资源要素根据其功能特点的差异组成不同的资源要素群落，各资源要素群落之间相互影响、相互制约、相互促进、共同作用，以实现待转换资源要素的转换过程，最终形成全要素耦合创新系统的输出。其实质就是通过劳动的输入（尤其是高新技术劳动的输入、先进管理经验的输入），与各类资源要素之间的相互作用（尤其是协同作用），资源能源利用效率进一步提高，最终实现价值的进一步增值（见图 7 – 12）（谷立霞、王贤，2010）。

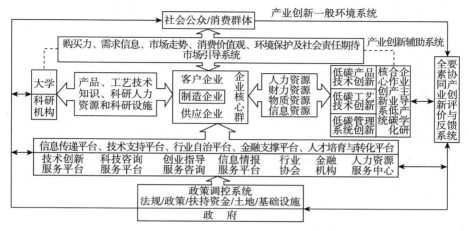

图 7 – 12　县域经济低碳化全要素耦合创新系统

资料来源：谷立霞、王贤，2010。

（三）耦合创新驱动构建策略

1. 制定县域经济低碳化耦合创新战略

能源资源禀赋决定了我国县（市）域以煤为主的能源结构将长期存在，煤炭能源生产和消费的碳排放"锁定效应"以及国际低端产业的转移将进一步加剧我国县域低碳经济健康发展的难度。县域政府部门必须为经济低碳化创新发展提供政策、制度、资金和组织保障。

2. 构建县域经济低碳化耦合创新长效机制

县（市）域政府部门要及时构建由科技创新支撑机制、市场驱动机制、法规政策引导机制、空间结构优化机制、低碳金融支持机制、生态环境约束机制、社会文化导向机制、经济发展促动机制等组成的经济低碳化耦合创新长效驱动机制体系，以推动县域低碳经济健康发展。

3. 建立县域共性行业与关键低碳技术产学研合作平台

根据县（市）域中小型企业和科研院所的实际情况，县域政府部门要充分利用科技财政投入的导向作用，及时促成它们之间的有效结合，重点组织对共性、关键和前沿节能低碳技术的研发，重点实施重大节能示范工程。

4. 创新县域经济低碳化技术研发服务体系

县域相关政府部门要及时创新经济低碳化技术研发服务体系，及时出台相关激励政策，以调动金融机构、管理咨询机构、中介服务机构等各行为主体的积极性，为中小微企业低碳化技术研发提供更好的支持和社会化服务。

5. 形成县域经济低碳化创新文化氛围

县域经济低碳化耦合创新系统运行需要全社会力量的共同参与和配合。通过创建低碳生态城镇、碳汇（低碳）生态乡村、低碳生态公司、低碳生态学校、低碳生态家庭等活动，进一步调动社会各阶层保护和改善生态环境、发展低碳经济的积极性，以形成浓厚的经济低碳化创新文化氛围，推动县域低碳经济健康可持续发展（谷立霞、王贤，2010）。

第八章　县域低碳经济发展模式

根据碳循环理论的阐释，在县域低碳经济发展过程中主要应做好两方面工作，一是减少碳源排放；二是增加碳汇。因此，在总结提炼的县域低碳经济发展模式中也就存在以减少碳源排放为主的低碳产业发展主导模式、清洁生产主导模式、产业转型升级主导模式、产业结构调整主导模式、能源结构优化主导模式、空间结构优化主导模式，以增加碳汇为主的林业碳汇主导模式、农田碳汇主导模式，以减少碳源排放为主的综合模式——低碳生态城镇建设模式，以及以增加碳汇为主的综合模式——碳汇生态乡村建设模式，等等。

一　县域低碳产业发展主导模式

（一）低碳产业内涵

关于低碳产业的阐述有多种观点，简单地说，低碳产业就是指在人类生产、消费过程中，碳排放量最小化或无碳化的产业，即在生产过程中以降低能源消耗、减少二氧化碳等温室气体排放、减少对大气的污染为其主要特征。

（二）低碳产业发展模式

低碳产业发展模式多形成于经济发达县域或经济欠发达县域。经济发达县域已经具备较强的经济发展基础、科技基础、人才基础与社会基础设施配置基础等比较优势，有能力发展一些资金投入较多但能源（资源）消耗较少，甚至可以直接利用太阳能、风能、水能、生物质能等可再生能源或清洁能源，使二氧化碳等温室气体排放减少，甚至达到零排放，对环境污染较小甚至无污染的高新技术产业、生物工程产业、新材料产业等高技术产业，以及配套的支撑产业，形成经济发达县域高技术低碳产业（集群）（见图8-1）。经济欠发达县域，财力较差，甚至是一片空白，但其有良好的自然生态环境条件等优势，根据其比较优势，应重点发展森林碳汇产业、草场碳汇产业、农业碳汇产业等碳汇产业（集群），及其相应支持产业、配套产业和衍生产业等（见图 8-2），例如其衍生产业——旅游业，号称"无烟工业"，包括森林生态休闲旅游、草原生态休闲旅游、采摘休闲旅游、农家乐休闲旅游等，最终形成欠发达地区碳汇产业（集群）发展模式。

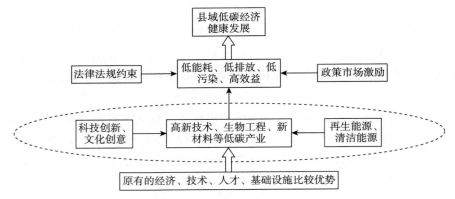

图 8-1　发达地区高技术低碳产业（集群）发展模式

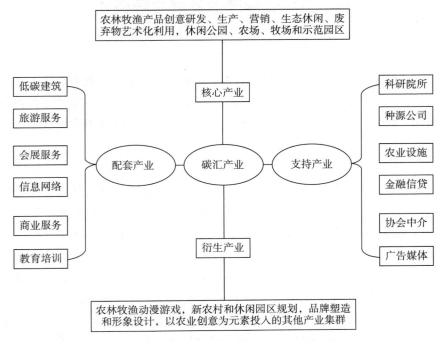

图 8-2　欠发达县域碳汇产业（集群）发展模式

（三）发展低碳产业的意义

发展低碳产业不仅可以保护全人类赖以生存的自然生态环境，而且还关系到各县域未来经济发展战略和产业结构优化重构等问题。随着人们生活水平的不断提高，人们对健康问题更加关注，世界各国必定对二氧化碳等碳源的排放制定更为严格的标准，原来高污染的行业将会不断萎缩甚至消失，与此同时新材料、新能源、环保等与低碳相关的产业将会孕育而生，各生产要素也将向这些行业倾斜，低碳产业将会得到前所未有的发展机遇，并创造巨大的产值。如果县域发展失去这样的机遇，不及时调整产业发展方向，其结果只能承载从发达国家转移来的高能耗、高排放、高污染的产业，再次受制于人。因此，发展低碳产业不仅是县域局部发展的问题，而且是关系到我国今后 20~50 年发展的全局性战略问题。

二　县域清洁生产主导模式

（一）清洁生产内涵

《中国 21 世纪议程》将清洁生产界定为：既可满足人们的需要，又可合理使用自然资源和能源，并保护环境的实用生产方法和措施（陈柳钦，2010）。

（二）清洁生产模式

清洁生产模式是指生产全过程的清洁控制和产品周期全过程的清洁控制（见图 8-3），包括工业清洁生产模式和农业清洁生产模式。前者是指在工业产品生产过程和预期消费中，既能够合理地利用自然资源，把工业生产对生态环境的危害减至最小，又能够充分满足人类的需要，获得最大社会经济效益的一种模式；它强调工业产品生产消费过程中清洁的能源、清洁的生产过程和清洁的产品三个关键内容（见图 8-4）。后者是指一种综合考虑经济社会效益和生态环境效益的现代化农业生产模式；在发展过程中要改变原来的单一农业为农、林、牧、渔业全面发展，实现资源能源的不同时空、多层次、多形式的网络化综合利用，尤其是可再生资源能源的大力开发利用（见图 8-5）。

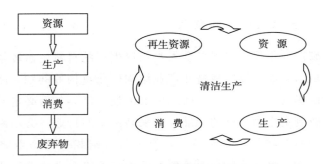

图 8-3　县域清洁生产主导模式

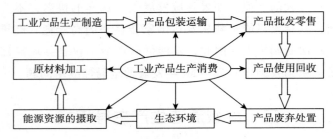

图 8-4　工业清洁生产模式

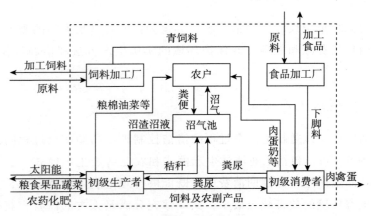

图 8-5　农业清洁生产模式

　　由此可以看出，清洁生产的目标就是通过能源的充分利用、资源的综合利用，达到节能、降耗、减排的目的，促进经济社会环境综合效益的进一步提升，减轻生产活动对人类生态环境的污染。为此，在县域低碳经济发展过程中实施清洁生产主导模式必须重视产品的绿色设计、生产全过程的清洁控制以及能源原材料的优化管理，最终达到节约能源资源、减少废弃物排放、降低环境污染、提高经济社会环境效益的目的。

（三）清洁生产意义

清洁生产强调源头的生产（产品）设计，强调源头的能源原材料选择利用，强调清洁能源、清洁生产过程和清洁产品，即通过源头预防的环境战略，改变传统的先污染后治理的生产模式，避免走西方发达国家曾经走过的老路；通过采取源头生产（产品）的绿色设计、生产过程的科学管理、工艺技术水平提高等措施，产业链的上、中、下游产品以及旁侧产业产品的生产有机地联系在一起，这种集群集约型生产方式改变了传统的以牺牲环境为代价的粗放型生产模式，主要通过内涵挖掘，走内涵发展道路，实现节能、降耗、减污、增效，合理、高效配置资源的目的。

三 资源型县域产业转型升级主导模式

（一）资源型县域产业转型升级内涵

资源型县域主要是指以矿产资源开发为其经济支柱的县域产业发展模式，因其资源储量有限，最终将因资源枯竭而影响县域经济发展或使经济严重衰退。对资源型县域来说，要摆脱这种经济发展困境，就必须及时进行产业转型升级，做到未雨绸缪。通过产业转型升级，即根据县域比较优势培育新兴主导产业或在原有矿产采掘业的基础上发展初级加工业、精深加工业，延长矿产资源开采年限，提高经济社会环境效益，或及时形成新的替代产业，从而降低能源资源消耗、减少废弃物排放、减轻对生态环境的污染（控制在生态环境承载力范围之内），最终达到提高经济社会环境效益的目的。因此，资源型县域产业转型升级主导模式也是县域低碳经济发展的重要模式之一。

（二）资源型县域产业转型升级模式

资源型县域产业转型升级主导的低碳经济发展模式主要包括两方面内容：一是通过拉长产业链条，即通过产业升级来降低单位生产总值的能源资源消耗、减少废弃物排放、减轻对生态环境的污染，提高经济社会环境效益，达到推动县域低碳经济持续发展的目的（见图8－6）；二是在资源开采加工的中后期，根据县域比较优势，及时培育低碳替代产业（主导产业），以便替代原有的资源开采加工产业，使其成为该县域经济发展的支柱产业，以推动县域低碳经济健康发展（见图8-7）。

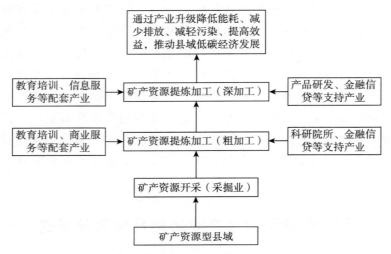

图8-6 资源型县域产业升级主导的低碳经济发展模式

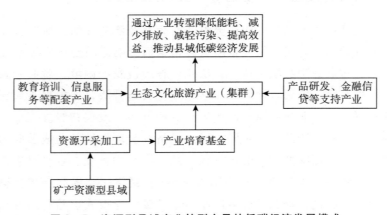

图8-7 资源型县域产业转型主导的低碳经济发展模式

　　资源型县域产业转型升级主导的低碳经济发展模式的重点是及时进行资源替代，即用人文自然资源替代矿产资源，用高新技术替代资本和劳动，大力发展替代产业（见图8-8）。例如，重点发展具有县域比较优势的生态文化旅游产业等，以推动县域低碳经济健康发展（董锁成、李泽红、李斌等，2007）。

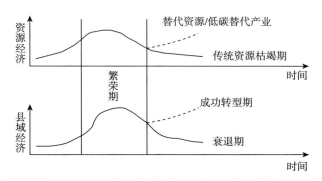

图 8 - 8 资源型县域产业转型升级与低碳替代产业发展演变规律

（三）资源型县域产业转型升级的意义

随着资源型县域具有比较优势的资源的开采，县域经济得到较快发展。但由于采掘业属于末端产业，其附加值极低，而且对生态环境造成较大污染，因此，在县域经济发展水平提高的同时，要根据已有的经济发展基础、技术以及其他相关优势，及时进行产业升级，由矿产采掘业到矿产品初加工和矿产品精深加工，以此推动资源型县域低碳经济健康发展。与此同时，要充分利用资源开采加工建立起来的产业培育基金，及早地培育具有县域比较优势的生态文化旅游等产业，使其不断发展壮大，形成具有县域特色的生态文化旅游产业（集群）等，逐步取代原有的矿产资源开采加工产业，推动县域产业及时向低碳转型，促进县域经济持续发展。因此，资源型县域产业转型升级主导的低碳经济发展模式对县域经济持续健康发展具有重要的指导意义。

四 县域产业结构调整主导模式

（一）县域产业结构调整内涵

县域产业结构调整就是逐步实现第一、第二、第三产业间及其内部生产要素配置的优化，充分发挥其经济、资源与技术优势。县域产业结构调整的目标就是形成合理的产业结构和提升产业结构的高度，促进县域低碳经济健康可持续发展。产业结构合理化与高度化的过程，实质上就是一个由"高能耗、高排放、高污染、低效益"的产业结构状态向"低能耗、低排放、低污染（或零污染）、高效益"的产业结构状态演变的过程。因此，以产业结构调整为主导的发展模式是县域低碳经济发展的重要模式之一（蔡天敏、谢守祥，2001；林汉斌，2010）。

（二）县域产业结构调整主导模式

县域产业结构在调整过程中，三次产业间的调整因所处经济发展阶段的不同而不同，尤其是工业化中后期，要重点强调第三产业比重的提升，特别是新兴第三产业（现代服务业）的发展，例如信息服务产业、金融产业等新兴第三产业的发展将为其他产业发展提供有力的支撑。与此同时，要重点调整三大产业内部各自的产品结构，加快产业结构高度化进程，向附加值高、产值规模大、产业影响能力强、二氧化碳等温室气体排放少（或零排放）、对生态环境污染小（或零污染）的方向优化。县域产业结构不断合理化、高级化的过程，也是产业空间结构不断优化的过程，产业集群，尤其是具有县域比较优势的特色产业集群不断形成，县域产业竞争能力不断提升（见表8-1、图8-9）。最终通过产业结构调整推动县域低碳经济健康发展。

表8-1 某县域产业结构调整情况一览表

	1980 年	2013 年
第一产业比重（%）	20.0	12.0
第二产业比重（%）	65.0	48.0
第三产业比重（%）	15.0	40.0
1980 年，第一产业种植业比重 80%，林牧渔业比重 20%；第二产业原材料产业比重 80%，初加工产业比重 20%；第三产业传统三产比重 100%。	2013 年，第一产业种植业比重 50%，林牧渔业比重 50%；第二产业原材料产业比重 30%，初加工比重 30%，精加工比重 40%；第三产业传统三产比重 70%，新兴三产比重 30%。产业结构日趋合理化、高级化，空间结构不断优化。	

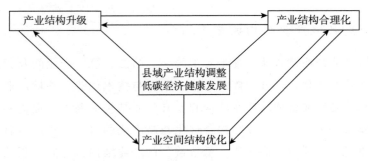

图8-9 县域产业结构调整与低碳经济发展

（三）县域产业结构调整的意义

产业结构失衡已成为制约我国县域低碳经济发展的重要障碍，产业结构调整是我国"十二五"期间乃至今后一段时期内所面临的主要任务之一，产业结构调整的迫切性和重要性尤为突出。县域是我国最基本的行政单元和经济单元，县域经济在国民经济中地位重要，承担重大责任。调整县域产业结构，在消除结构性短缺或结构性过剩、促进生产要素向效率更高的部门和区域转移、推进产业升级和产业空间布局优化过程中具有重要作用，有利于不断提高县域资源能源的配置效率，推动县域低碳经济健康发展（马赛萍，2012）。

五　县域能源结构优化主导模式

（一）能源结构调整优化内涵

能源结构包括能源生产结构和能源消费结构。能源生产结构是指各种能源（见图 8 - 10）生产量在能源生产总量中所占比例，能源消费结构是

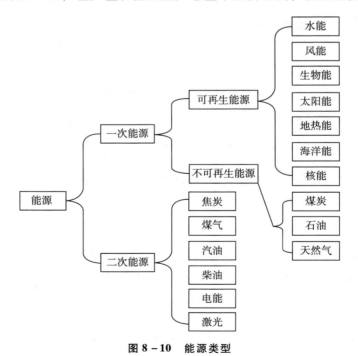

图 8 - 10　能源类型

指各种能源消费量在能源消费总量中所占比例。能源结构调整优化就是要尽可能地减少对化石能源资源的需求与消费，降低煤电比重，把水电开发、太阳能开发、风能开发、核能开发等新能源开发放到重要地位，尤其是要通过能源技术创新，提高能源利用效率，以此达到减少二氧化碳等温室气体排放量、减轻对生态环境污染（或零污染）等目的。

（二）县域能源结构调整优化主导模式

在县域能源结构调整优化过程中，要通过能源技术创新，重点开发太阳能、地热能、风能、水能、海洋潮汐能等可再生能源，提高可再生能源生产消费在县域能源总生产消费中所占比例，尽可能降低石油，尤其是煤炭等化石能源生产消费在县域能源总生产消费中所占比重，以此降低生产成本，减少能源消费过程中产生的二氧化碳等温室气体废弃物排放量，降低能源消费对生态环境的污染程度，以此提高县域经济发展的综合实力和竞争能力，推动以能源结构调整优化为主导的县域低碳经济健康可持续发展。

（三）县域能源结构调整优化的意义

党的十八大报告明确提出能源"革命"而非"变革"，说明未来能源领域的变化是以能源技术为引领的革命性的变化。2013年1月，国务院印发的《能源发展"十二五"规划》明确提出推动能源供应方式变革、推进能源高效清洁转化、控制能源消费总量、深化能源体制机制改革、提升能源科技和装备水平等主要任务。由此可以看出，县域能源结构优化调整不仅是我国能源发展战略的要求，而且是实现县域低碳经济健康发展的必然要求，县域能源结构低碳化是一个必然趋势。

六　县域空间结构优化主导模式

（一）空间结构优化内涵

县域空间结构优化就是根据县域经济社会环境发展阶段的不同以及发展趋势，及时对其空间结构进行调整优化，以期达到最佳的经济社会环境效益。

一国或地区经济社会环境发展阶段不同，产业结构有明显的差异，在地域空间上的响应（空间结构）也明显不同。所以，空间结构是标示区域经济发展阶段不同于其他经济发展阶段的重要标志。及时对县域空间结构进行重组优化，有利于产业集约集群健康发展，以最少的投入（能源资源消耗）、最少的废弃物排放量（含二氧化碳等温室气体）、最小的环境污染（对生态环境的影响），获得最大的产出（经济社会环境效益）；有利于经济社会环境相互促进，共同发展；有利于县域低碳经济健康发展。

（二）县域空间结构优化主导模式

不同县域，所处的经济社会发展阶段不同，产业结构也存在很大差异，经济社会环境发展的空间响应也明显不同。依据经济发展阶段的不同，县域空间结构优化主导模式主要包括以下三种类型。

（1）在经济发展水平较低时，往往形成空间集聚上的"增长极"（见图8－11－A）。

（2）经济发展水平进一步提高，使"增长极"（城镇）之间的通道条件得以改善，便形成"廊道组团"发展模式（见图8－11－B）。

（3）当经济发展进入较高水平阶段时，交通等基础设施建设进一步完善，便形成"廊道组团网络化"发展模式（见图8－11－C）。

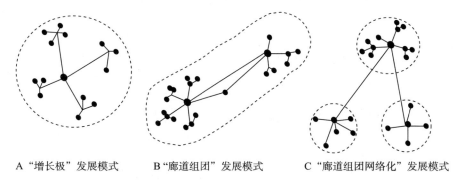

A "增长极"发展模式　　B "廊道组团"发展模式　　C "廊道组团网络化"发展模式

图 8－11　区域空间结构优化主导模式

（三）县域空间结构优化的意义

处于不同经济社会发展阶段的县域，其空间结构优化发展模式不同。以县域空间结构优化为主导的发展模式有利于引导县域经济社会环境健康有序发展。例如，"增长极"发展模式、"廊道组团"发展模式等，有利于经济的集群集约发展，有利于资源能源的充分利用，有利于基础设施的集中配置，有利于废气、废水、废渣的再利用与集中处置，等等。因此，县域空间结构优化主导模式对促进县域低碳经济健康发展具有重要意义。

七 县域林业碳汇主导模式

（一）林业碳汇内涵

森林碳汇，简单地说，就是树木、森林所具有的对二氧化碳的吸收、固定能力和功能。根据碳循环理论，森林树木不仅吸收并储存大量二氧化碳，延缓气候变暖，而且还能够提供生态产品或生态服务。

（二）县域林业碳汇主导模式

林业碳汇主要是通过植树造林以及森林管理等活动，增加林木覆盖率，吸收并固定大气中的二氧化碳，通过碳交易获得经济收益。林业碳汇是一种既能给人们带来巨大的生态效益，又能给人们带来可观的经济效益的重要生态经济资源。林业碳汇是一种重要的生态资产，也是一种无形的资产。发展林业、发展林业经济的以林业碳汇为主导的发展模式，是县域低碳经济健康发展的重要模式之一（见图 8－12、图 8－13）。

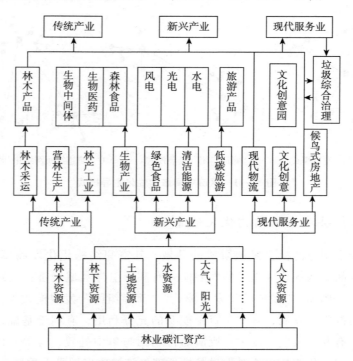

图 8－12　以县域林业碳汇为主导的低碳经济发展模式

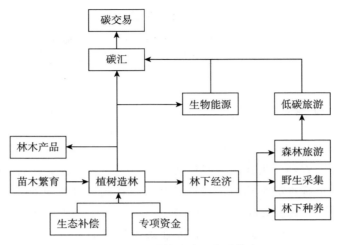

图 8 - 13　县域林业碳汇发展模式

（三）县域林业碳汇的意义

通过以林业碳汇为主导的县域低碳经济发展，可以减少二氧化碳等温室气体的排放量，减轻碳减排压力，延缓全球气候变暖，较好地保护生物多样性，减少水土流失，为经济社会环境的发展带来多种效益。同时，还可以为我国赢取气候变化国际谈判的话语权和主动权，拓展我国经济发展空间。

八　县域农田碳汇主导模式

（一）农田碳汇内涵

农田碳汇（Cropland Carbon Sinks）是指农田生态系统对二氧化碳的吸储能力。农田生态系统是以人类农业生产活动为主，可以成为碳源也可以成为碳汇，这取决于其农作方式。相关研究表明，传统现代农业生产方式将占农业生产活动的 32%，但其碳排放量占全球碳排放总量的 17%。究其原因是现代农业生产过程中运用的机械、化肥、农药等，涉及机械制造、化工、运输等产业，导致碳排放量的增加；另外，就是现代农业生产活动大量使用农药、化肥，焚烧秸秆，破坏了农田生态系统，使其由吸储固定二氧化碳等温室气体转变为排放二氧化碳等温室气体。而一种生产方式即保护性耕作，通过深耕将秸秆粉碎深埋还田，修复土地自身肥力，减少化肥使用量或不用化肥，通过生态系统中生物链的相互制约来消除农田虫害等，这种通过生态系统自组织作用来修复农田生态系统的手段，则可以使农田产生碳汇。

（二）县域农田碳汇主导模式

有机农业（Organic Agriculture）是指在农业生产的各环节，完全或基本不用肥料、农药、生长调节剂和饲料添加剂等人工合成化合物，只采用符合有机农业标准的生物防治、有机肥料、有机饲料的种养业。有机农业旨在恢复农田自然生态系统，从低碳经济视角来看，这是减少农业碳源，增强农田生态系统固碳储碳能力，将农业碳源转变为农田碳汇的一种农作方式。目前，国际上已经有成熟的基于土地利用、土地利用变化及森林（Land Use，Land Use Change and Forestry，LULUCF）计划的有机农业 CDM 项目。通过这些项目，农民可以额外获得碳信用带来的经济收益，还可以在此基础上发展有机农业，进一步提高有机农产品的附加值（见图 8-14）。

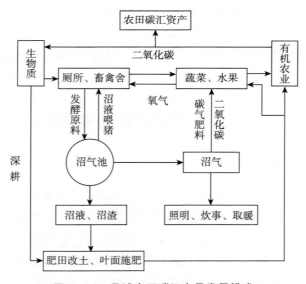

图 8-14　县域农田碳汇主导发展模式

（三）发展县域农田碳汇的意义

随着经济社会发展水平的不断提高，人们对食品安全的重视程度越来越高，尤其是对有机农产品的需求无限，有机农产品市场潜力巨大，供不应求。因此，加强农业碳汇资源培育，加快县域农田碳汇产业发展，不仅具有重要的经济意义，而且还可以增加"固碳释氧"能力，营造优美环境，增加农田碳汇资产，产生重要的生态价值，促进县域低碳经济健康可持续发展。

九　县域低碳生态城镇建设主导模式

（一）低碳生态城镇内涵

所谓低碳生态城镇，是县域低碳经济发展模式和生态化发展理念在城镇建设发展过程中的落实，是可持续发展战略思想在城镇建设发展过程中的具体化。低碳城镇，也就是低碳、零碳技术研发在城镇建设发展过程中的推广应用，通过节约和集约利用能源（资源），有效减少二氧化碳等温室气体废弃物排放量，减轻对城镇生态环境的污染，提高经济社会环境综合效益。生态城镇就是城镇生态化发展的结果，也是自然生态系统和谐、人与自然和谐、经济生态高效的人类住区形式。

（二）县域低碳生态城镇建设主导模式

在全球气候变暖、世界各国大力发展低碳经济的背景下，低碳生态城镇建设将成为县域低碳经济发展的主要内容。低碳生态城镇建设的首要问题就是低碳能源体系建设，包括低碳能源技术的研发与推广、新能源的充分利用、能源结构的调整优化和能源利用效率的提升。在此基础上，要大力推进低碳生态产业发展、大力推广低碳生态建筑、努力实施低碳生态交通、积极构建低碳生态社会。低碳生态城镇建设使其能源结构日趋合理，能源资源利用效率进一步提升，二氧化碳等温室气体废弃物排放量减少，污染控制在生态环境承载范围之内，经济社会环境的综合效益明显提升，最终促进以低碳生态城镇建设为主导的县域低碳经济健康发展（见图 8 - 15）。

在低碳生态城镇建设过程中，要严格遵循社会低碳生态原则、经济低碳生态原则、自然生态原则以及复合生态原则，使低碳生态城镇建设在发展过程中能够保持高质量的环保系统、高效能的运转系统、高水平的管理系统、完善的绿地生态系统等。

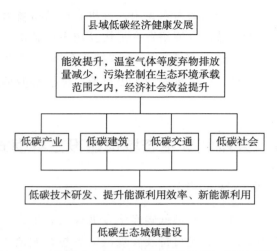

图 8 – 15　低碳生态城镇主导的县域低碳经济发展模式

（三）县域低碳生态城镇建设的意义

发展以低碳生态城镇建设为主导的县域低碳经济，就是要建设资源节约、环境友好、居住适宜、运行安全、经济健康发展和民生持续改善的城镇。低碳生态城镇建设可以有效地促进城镇生产、流通、消费、生态保护等低碳健康发展，是协调县域经济、社会、环境的重要发展模式。在县域规划层面，要进一步明确主体功能区规划下的城镇发展导向；在社区和个体层面，要大力倡导生产和消费的低碳化趋势。系统推进低碳生态城镇建设，加快基于低碳生态理念的城镇规划、交通系统、建筑节能等核心领域的技术经济政策的制定与落实，努力探索并积极推广在城镇建设发展过程中能够有效节能减排的循环经济、清洁生产、绿色建筑等技术手段，推进以低碳生态城镇建设为主导的县域低碳经济发展模式的有序建设。

十　县域碳汇生态乡村建设主导模式

（一）碳汇生态乡村内涵

碳汇生态乡村主要是通过生物自组织、食物链等功能来修复土壤肥力、消除病虫害，向碳汇农业发展；通过提倡低碳消费、低碳出行等理念，向生态乡村聚落发展，并最终形成碳汇生态乡村（王行靳，2007）。

（二）县域碳汇生态乡村主导模式

县域范围内的广大区域都属于乡村，碳汇生态乡村在县域低碳经济健康发展过程中占重要地位。以碳汇生态乡村建设为主导的发展模式（见图8-16），就是要大力提高农业科技创新和转化能力，重点加强低碳技术在广大乡村地区的推广应用，以此提高乡村地区的能源利用效率，增加新能源的利用，调整优化乡村地区能源结构，推进碳汇农业、低碳农业、低碳建筑、低碳交通和低碳社会等的建设，减少温室气体等废弃物排放量，把污染控制在生态环境承载范围之内，提高乡村经济社会发展效益。

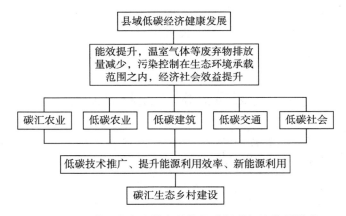

图8-16　碳汇生态乡村主导的县域低碳经济发展模式

碳汇生态乡村建设的关键就是要抓好高碳农业向碳汇农业转型，减少农药、化肥等使用量，利用生态系统的物质循环认真做好循环农业工作，向绿色农业、有机农业方向发展。通过有机农业的发展，乡村农业转变为碳汇产业。同时，还要根据各县域的具体情况因地制宜地发展林业碳汇、草场碳汇等乡村碳汇产业。大力推广低碳建筑、努力实施低碳交通、积极构建低碳社会，最终推动县域低碳经济健康发展。

（三）建设碳汇生态乡村的意义

农业、农村、农民问题（"三农"问题）是我国经济社会环境发展过程中的关键问题。加强碳汇生态乡村建设，有利于不断解放和发展农村社会生产力，从根本上解决"三农"问题，推动县域低碳经济社会环境健康协调发展。

第九章　县域低碳经济发展路径

县域条件差异，就会形成不同类型的低碳经济发展模式，最终也将会产生不同的低碳经济发展路径。具体包括县域低碳产业发展路径、产业结构低碳化路径、能源清洁生产路径、能源结构优化路径、空间结构优化路径、碳汇林业建设路径、碳汇农业发展路径、低碳生态城镇建设路径、碳汇生态乡村建设路径等。

一　县域低碳产业发展路径

县域低碳产业发展就是要限制高碳产业准入，发展具有低碳特征的产业。具体发展路径主要有传统工业低碳化改造与新兴工业发展路径、传统农业低碳化改造与碳汇农业发展路径、传统服务业低碳化改造与现代服务业发展路径等。

（一）传统工业低碳化改造与新兴工业发展路径

1. 传统工业低碳化改造

传统工业一般指煤炭、钢铁、机械、化工、纺织等工业，具有较长的发展历史，多建立在煤、铁等能源资源禀赋基础之上。传统工业普遍存在能源资源消耗量大、二氧化碳等温室气体排放量大、对生态环境污染严重、生产效益低下等问题。然而，传统工业仍然是多数县域的支柱产业。因此，县域各级政府部门和企业等经济实体必须加大低碳技术研发力度，尤其是低碳能源技术的研发，在县域范围内积极推广应用低碳技术，及时对传统工业进行低碳化改造，才能保持县域低碳经济的健康持续发展。

2. 大力发展新兴工业

根据工业生产生命循环阶段理论，新兴工业是由于当代科学技术进步而迅速发展起来的富有生命力的兴旺工业部门。在现有工业结构中，新兴工业虽然不占主要地位，但其高新技术含量高、市场潜力大、发展比较快，代表着未来工业的发展方向。因此，新兴工业具有明确的时代特点。各县域要根据自身的实际情况和比较优势，有选择地积极培育和发展相应的新兴工业部门，加快新兴工业特色生产基地建设，使新兴工业快速发展壮大，以便于逐步替代原有的在经济发展中占重要地位的传统产业，形成县域低碳经济发展过程中新的支柱产业。

3. 县域传统工业低碳化改造与新兴工业发展路径

县域传统工业低碳化改造与新兴工业发展路径主要包括以下三个方面的内容。一是及时出台产业导向政策，对产业发展进行正确引导。通过制定优惠政策、优化投资环境等措施，积极开展"大招商，招大商"活动，重点吸引投资规模大、带动能力强、技术含量高的新兴工业企业入驻县域工业集聚区或工业园区；通过拉长产业链条，提高传统产业的精深加工能力。例如汽车零部件、农副产品深加工、太阳能光伏等产业。二是严格限制高碳工业准入。随着经济全球化过程中的产业转移，尤其是发达国家或发达地区的产业转移，一些高能耗、高排放、高污染的"三高"产业逐步迁出，那么欠发达县域在承接产业转移时就要严把产业质量关，严格产业引入接收门槛，严格限制没有发展前景的"三高"淘汰产业进入。否则，这些产业不仅对生态环境带来严重污染，而且又将很快在欠发达县域被淘汰，造成不必要的"人、财、物"等生产要素的巨大浪费。对于发达地区来说，不仅要淘汰落后的产能过剩的传统工业，还要着重引进技术含量高、市场潜力大、就业带动能力强的工业，及时"腾笼换鸟"。三是积极建设低碳工业园区（或产业集聚区）。改革开放初期，我国经济社会发展处于"短缺经济"时代，所有商品供不应求，以至于形成"村村点火，户户冒烟"的乡镇工业遍布城乡的景象，给生态环境造成严重污染。因此，要在条件优越、区位条件较好的县城或重点镇建设工业园区或产业集聚区，将符合产业政策、具有市场前景的产业吸引至工业园区或产业集聚区，使其上下游产业以及旁侧产业有机地衔接在一起，使资源能源以及基础设施得以充分利用，最终使经济社会环境之间形成良性循环。将不符合产业政策的"十五小"企业以及"三高"产业及时"关闭、停产、合并、转产"，以推动县域传统工业低碳化改造，促进新兴工业健康发展（见图9-1）（王行靳，2007）。

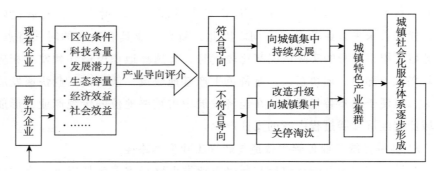

图 9 – 1　县域低碳产业集群形成机制

（二）传统农业低碳化改造与碳汇农业发展路径

前已述及，传统高碳农业涉及机械制造、化工、运输等行业部门，其碳排放量占据全球碳排放总量的 17%，传统农业低碳化改造迫在眉睫。

1. 传统农业低碳化改造路径

传统高碳农业低碳化路径主要包括以下三个方面内容：一是充分利用农业生态系统中食物链的相互作用与相互约束关系，大幅度地减少农业生产过程中的化肥和农药使用量。主要通过建立"农业资源—农业产品—农业废弃物再利用"的循环农业发展机制，按照"Reduce、Reuse、Recycle"原则，大力推进节能、节水、节地、节材工作，减少二氧化碳等温室气体的排放，从而实现农业生产的低能耗、低排放、低污染、高效益。二是充分利用农业生产过程中的剩余能量。例如，通过秸秆粉碎和深耕技术将秸秆还田，不仅可以增强土壤生态系统中的肥力自组织修复能力，还可以避免秸秆焚烧污染生态环境、增加二氧化碳排放量、破坏农业生态系统等不利影响。三是大力推广太阳能和沼气等清洁能源。在县域范围内全面普及太阳能和沼气利用技术，扩大对可再生能源资源的利用广度和深度，以此调整并优化县域能源结构，推动县域传统高碳农业低碳化建设的健康有序发展。

2. 碳汇农业发展路径

根据碳循环理论，减少碳源、减少二氧化碳等温室气体排放，是应对气候变暖问题的重要措施。与此同时，增加碳汇或碳储存、碳固定能力，也是应对气候变暖、发展低碳经济的重要内容。碳汇农业发展路径主要有以下三个方面内容：一是大力发展有机农业。有机农业的特点就是严格遵循生态系统运行规律，通过生物措施修复和保持土壤肥力，利用自然界的自组织作用机制保护自然资源；充分利用天然植物性农药和杀虫生物制菌剂等病虫害防治手段；通过作物轮作、秸秆还田、施用绿肥和动物粪肥等措施进行土壤培肥、保持养分循环等。这些措施的实施不仅提高了农产品的质量，保证了农产品的安全，提高了农业生产的效益，有利于修复生态环境和保护生物多样性，而且也减少了化石能源的消耗，减少了二氧化碳等温室气体的排放，增强了土壤固碳储碳能力，并带来了巨大的碳汇效益。二是积极发展生态休闲观光农业。生态休闲观光农业不仅具有保障高质量食品供应的功能，而且还可以为城乡居民提供良好的自然生态休闲环境，同时可以提高农作物的减碳、固碳能力。三是改变传统耕作方法。不合理的耕作方法将破坏土壤有机碳的稳定性，加速土壤有机碳分解。合理耕作、部分免耕将会增强土壤有机碳的稳定性，提高土壤有机碳储存量。

（三）传统服务业低碳化改造与现代服务业发展路径

在我国国民经济统计核算体系中，第三产业又称为服务业，也就是除第一、第二产业之外的其他产业的总称。服务业相对于第一、第二产业来说，具有低能耗、低排放、低污染、高产出的特点。然而，在服务业内部仍然存在着传统服务业的高碳与现代服务业的低碳之分。促使传统高碳服务业向低能耗、低排放、低污染、高产出的现代低碳服务业转变是我国县域低碳经济发展的重要趋势之一。具体来说，县域传统服务业低碳化改造路径主要包括以下三方面内容：一是低端服务业的调整优化升级；二是基于服务业的柔性能力促进服务业竞争力提升；三是进一步提高服务业聚集经济效益（裴三怀，2013）。

现代服务业是伴随着信息技术和知识经济的发展而产生的，用现代化的新技术、新业态和新的服务方式来创造需求，引导消费，向社会提供高层次、高附加值、知识型的生产性和生活性服务业。现代服务业发展路径主要包括以下两个方面：一是大力发展生产性现代服务业；二是以城乡信息化为重点，大力发展面向产业、消费的信息服务业，重点推广电子商务、数字医疗等新兴服务业技术。

二 县域产业结构低碳化路径

产业结构演进升级理论、原有产业经济基础以及以产业结构优化调整主导的县域低碳经济发展模式，对县域低碳经济健康发展都具有重要的影响作用。县域产业结构低碳化路径主要包括以下四个方面的内容（见图9-2）。

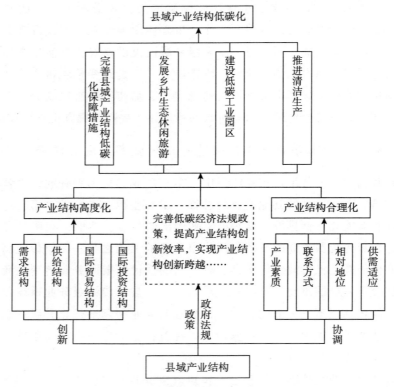

图9-2 县域产业结构低碳化路径

资料来源：孙起生，2010。

（一）大力推进清洁生产

清洁生产就是在生产过程中要求节约原材料和能源，淘汰有毒原材料，减少温室气体的产生与排放；在产品生产使用过程中，要求减少从原材料提炼到产品最终处置的全生命周期的不利影响；在服务过程中，要求将生态环境因素纳入设计和所提供的服务中。

（二）建设低碳生态工业园区

生态工业园区是一种以追求更高物质利用率和能量转化效率，更少废弃物排放甚至零排放为目标的企业地域分布形式。

县域低碳生态工业园区建设要从园区选址、企业配套、地方比较优势发挥、可再生资源的尽可能利用等方面做好相应的工作。园区选址要尽量减少对外部生态环境要素的影响，尽量缩减运输距离，尽可能地降低运输成本。企业配套要强调上、中、下游企业和旁侧企业之间的有机结合、相互匹配。要强调县域比较优势发挥，形成园区特色产业，增强其产品市场竞争力。尽可能利用可再生资源能源，从源头控制资源能源浪费，以实现"低消耗、低排放、低污染、高效益"的低碳经济发展目标。

（三）发展乡村生态休闲旅游

积极发展乡村生态休闲旅游，具体应做好如下四方面的工作：第一，科学规划，有效开发乡村生态休闲旅游资源；第二，充分发挥比较优势，形成具有乡村自身特色的生态休闲旅游产业；第三，规范服务标准，努力提高乡村生态休闲旅游服务的质量和水平；第四，提升管理质量，促进乡村生态休闲旅游的健康可持续发展（孙起生，2010）。

（四）完善县域产业结构低碳化保障措施

首先，完善县域低碳经济法规政策。建立协调的管理机制，坚持市场化运作和行政推动相结合，发挥政府主导下的企业主体作用，完善有利于县域低碳经济可持续发展的激励奖惩机制等。

其次，建立县域低碳产业创新体系。通过县域技术创新资源的最优配置，推动县域产业技术创新，尤其是低碳技术的研发创新。重点在制度环境、政策环境、市场与法制环境、教育培训环境、信息服务环境、基础研究与应用研究环境等方面做好工作。为提高县域技术创新效率和县域产业整体竞争力提供平台与条件。

三　县域能源清洁生产路径

前已述及，一次能源开发主要包括化石能源的利用和可再生能源的利用，而能源的清洁生产既包括化石能源的开发利用，也包括可再生能源的开发利用。

（一）县域化石能源清洁生产

化石能源利用在我国县域能源消费构成中仍然占据重要地位，且短时间内不可能发生根本性改变。因此，化石能源的清洁生产利用将是县域低碳经济健康发展的重要路径之一。

在县域范围内，化石能源的清洁生产利用重点要做好如下三方面的基础性工作：一是提高液化气入户率，降低传统煤炭使用比例；二是加强集中供热供暖设施建设，提高集中供热供暖的比例，提高煤炭利用效率，有条件的地方要逐步改装成燃气集中供暖设施；三是提高石油产品的质量标准，减少石化能源产品在利用过程中对生态环境的污染。

（二）县域可再生能源清洁生产

各县域应因地制宜地大力开发利用可再生能源，提高可再生能源在能源消费总量构成中的比例。同时在可再生能源利用过程中还要注意其清洁生产和清洁利用。例如，沼气的推广与应用，给农村生产生活带来了经济社会环境等诸多方面的利益，但在使用过程中要充分注意大型、特大型沼气池等设施的建设与维护，这些设施一旦泄漏将造成严重的生态环境污染或灾难，也将给人们的生产生活带来很大的影响。因此，在县域可再生能源清洁生产过程中必须坚持"统筹安排，分类指导；突出重点，分步实施；示范引导，整体推进；质量优先，注重效益"的原则。县域农村可再生能源清洁生产的内容主要为：以开发利用沼气、太阳能等可再生能源和提高农村非清洁能源设备热效率为重点，围绕提升清洁能源利用率等主要指标，积极开展农村节能减排新技术的引进和示范建设，发展生态农业循环经济，提升农村可再生能源开发利用水平，扩大农村清洁可再生能源利用的规模和范围。具体包括以下三方面内容：一、加强县域可再生能源清洁生产技术的研发与推广应用；二、及时出台政策对可再生能源清洁生产进行分类补贴和正确引导；三、建设可再生能源清洁生产项目。例如，有序推进秸秆发电项目建设，"变堵为疏"（禁止焚烧秸秆或将秸秆出售给发电企业等，以获得较高的经济收益），等等。

四　县域能源结构优化路径

能源结构优化调整涉及诸多方面，在具体的县域能源结构优化调整过程中，要根据县域自身的能源比较优势因地制宜地综合考虑各方面的因素，构建城镇以及乡村能源结构优化调整机制，推进县域能源结构有序地调整优化。

（一）县域城镇能源结构调整优化路径

城镇能源结构优化调整是一种发展战略，需要构建长效机制予以落实。

1. 构建优质能源开发利用机制，优化能源消费结构

鉴于我国县域能源利用现状，主要应通过能源技术创新，提高能源利用效率，尽快形成以煤炭为主体，电力为中心，油气、新能源全面发展的县域城镇能源结构体系。具体应做好以下三方面工作：一是控制煤炭消费数量，推广应用煤炭洁净技术，减少原煤直接燃烧，减少污染排放；二是大力推广使用天然气、液化天然气、水电、太阳能光伏电能、生物质能等清洁能源，促使能源产品升级换代，提高能源利用效率，以减少温室气体等的排放；三是逐步减少原煤的直接使用量，提高煤电、煤炭气化和液化比重，引导企业和居民合理用电等。

2. 构建落后产能淘汰机制，促进新型工业化

县域经济结构不合理、粗放经营，以及落后的电力、钢铁、水泥、煤炭、造纸等"五小"（或"十五小"）企业的存在，给生态环境保护与能源供应带来很大压力。因此，地方政府部门要及时构建地方性法规政策体系，及时淘汰相关产能过剩的企业，否则，由政府主管部门依法予以关停，实现"腾笼换鸟"，促进县域新型工业化快速发展。

3. 构建产业结构优化机制，推进产业转型升级

为有效遏制不合理的高耗能产业发展，推动产业转型升级，要及时做好如下四方面工作：一是严把高耗能行业准入关，不断优化县域产业结构；二是科学制定县域产业发展规划，合理调整产业布局；三是淘汰落后的产能过剩的电力、炼铁、炼钢、建材、电解铝等企业，着力引进高新技术含量高的产业；四是加强产业结构优化的法规建设，强化产业结构调整

优化责任考核。

4. 构建能源综合利用机制，提高能源综合利用水平

通过产业结构调整和布局优化，不断优化用能结构；通过产业集群集约发展，努力提高能源资源利用效率；优化企业组织结构，加强高耗能行业先进生产能力建设；开发利用优质能源，优化能源消费结构。

（二）县域乡村能源结构调整优化路径

我国乡村能源消费涉及农村地区工农业生产和农村生活等多个方面，总体上生活能源消费远超过生产能源消费。在乡村能源结构调整优化方面应重点做好如下三方面的工作。

1. 加强教育，转变农民消费观念，提高农户环保意识

受教育程度是决定农户能源消费选择的重要因素。一般情况下，受教育程度越高，越有利于农民转变能源消费观念，越有利于对能源技术的认知和掌握，越有利于高效清洁能源在农村地区的推广应用，越有利于提高新能源利用比例和利用效率。

2. 改善交通条件，加强农村能源供应体系设施建设

在县域新农村规划建设的基础上，加强农村地区交通等基础设施建设，规范完善农村地区电网、液化气管道等能源基础设施建设，以此推进农村地区能源结构调整。

3. 推广低碳能源技术，大力开发利用新能源

农村地区薪柴、秸秆、煤炭等能源消费仍占较大比例，多数地区仍然沿袭传统的直接燃烧方式，利用效率低，二氧化碳等温室气体排放不仅污染环境，还影响人体健康。

因此，我国广大的农村地区应根据本地的具体条件，大力推广低碳能源技术、清洁利用技术，加强可再生能源的综合利用以及化石能源的清洁利用，调整优化乡村地区能源结构。

五 县域空间结构优化路径

县域低碳产业发展、县域产业结构低碳化、县域能源结构优化等低碳经济发展方面的空间响应，即县域空间结构优化，其路径主要包括以下四个方面。

（一）县域产业空间布局优化

县域产业空间布局是县域产业发展在空间上的响应，即产业空间规划。产业空间规划涉及第一产业空间规划、第二产业空间规划和服务业空间规划。县域产业空间规划涉及产业结构演进理论、产业发展阶段理论、产业集群理论和地域生产综合体等理论。我国经济地理学家陆大道教授根据我国国情，在"增长极"理论的基础上提出了"点—轴"渐进扩散理论，即在经济发展水平较低时，必须集中优势在条件较好的地点（城镇）优先发展，然后沿重要轴线通道或复合通道（主要城镇之间的联系通道）发展。"点—轴"开发的结果，即县域经济发展水平较高时（工业化后期阶段），将形成网络开发模式或廊道组团网络化开发模式。"点—轴—集聚区"开发理论主要指第二、第三产业的空间发展演变过程，而第一产业发展则形成面域，也就是特色农业生产基地。三次产业的空间规划必须进行有机的结合，第一产业生产的农副产品是工业的重要原材料或交易对象，第二、第三产业发展将为第一产业发展提供生产资料与服务等相关支撑。三者相互影响，相互促进，共同发展。在县域产业空间布局优化过程中，主要应做好如下一些工作。

首先，县域发展条件分析。一是深入分析县域范围内的自然资源环境、经济发展水平、科学技术水平、社会文化等方面的情况，以及与相关区域的横向比较。二是外部环境分析，包括全球尺度、国家尺度、省级尺度、地市尺度等不同空间范围内的经济社会环境发展现状与趋势。三是通过县域内外的发展条件分析与比较，根据自身的比较优势，进行县域发展战略定位，确定县域低碳产业的发展方向。

其次，确定县域低碳主导产业。根据县域低碳产业的发展方向，经过比较，选择确定低碳主导产业。

再次，制定县域低碳产业发展规划（含空间布局规划）。具体包括碳汇农业、低碳农业、低碳工业和低碳服务业发展规划及其空间布局规划。

最后，制定并落实相关政策措施。

（二）县域生态空间结构优化

随着县域经济的快速发展，以及城镇化水平的逐步提高，非农区域不断蔓延扩展，耕作区、林区、牧区、水域等生态功能区面积不断缩小，河流等生态廊道遭到极大破坏，严重阻断了土地的呼吸、植物的生长、水系的循环，尤其是各种生态流的正常交换，生态空间结构遭到严重破坏。为此，在县域范围内要保持或不断提高生态环境舒适程度与承载能力主要有以下两个途径。

1. 直接提高县域范围内的生态功能区质量，扩大生态环境容量

例如，在县域范围内大力开展植树造林活动，努力提高森林覆盖率等，以此完善改善地方小气候、净化大气、防治水土流失和改善水文条件等方面的生态服务功能，扩大县域生态环境容量。

2. 优化县域生态空间结构，使县域各生态功能区的服务功能产生"1 + 1 > 2"的效果

在生态功能区面积、质量不变的情况下，通过县域范围内生态节点、生态廊道、生态斑块、生态基质等生态服务功能区的优化重组，县域将成为"廊道组团网络化"的有机整体，县域生态环境容量将会有一定幅度的增加，生态环境舒适度将进一步改善。生态廊道包括自然生态廊道（如河流等）、人工生态廊道（如交通道路等）等；要避免类似于人体动脉的生态廊道被人为破坏阻断，以保证生态廊道中各种生态流的畅通无阻。生态斑块包括城乡聚落生态斑块，农区中的森林、草地斑块，山区中的农地斑块等。生态基质有山地生态基质和农区生态基质之分。山地生态基质往往与森林等密不可分，然而林区是由不同种群组合而形成的各类生物群落（各种林相）斑块，其间往往由相应的生态廊道将其有机地联系在一起。同理，农区（耕作区）生态基质、草地生态基质和水体生态基质等，也可以细分为不同的生物群落斑块。生态基质、生态斑块等类似于人体的心、肺、肾脏等重要器官，是各种生物基因孕育的场所。生态节点是不同生物基因汇聚碰撞的场地。因此，县域生态空间结构优化重组就是要充分运用生态学理论、空间相互作用理论及相关学科的知识与方法，从生态功能区的完整性、自然生态环境特征和经济社会条件的具体情况出发，对现有生态功能区优化重组或引入新的成分，构建科学合理的县域生态空间格局，使其整体生态功能最优、生态环境容量最大，最终达到经济社会活动与自然生态环境之间的互利共生、协同进化，实现县域自然保护、生物多样性和生态景观的可持续利用，推动县域低碳经济健康发展（郭荣朝、苗长虹、夏保林等，2010）。

（三）县域城镇体系空间结构优化

城镇是经济、社会发展在空间上的落实与体现，县域城镇体系空间结构优化路径主要包括以下三方面内容。

1. 城镇的科学定位

县域城镇在全国城镇体系格局中只是一微小分子，所起的作用是微不足道的，但应积极参与到地市、省份的城镇分工中去，协调好它们之间的关系，摆正县级市、县城以及相关城镇的位置，营造良好的投资环境，经营管理好城镇，逐步提高城镇实力，最终使县级市、县城以及中心镇成为县域低碳经济发展过程中新的增长点。

2. 积极培育县域增长核心

县域城镇基础设施配套建设水平相对较低，体制改革滞后，传统观念比较严重，等等。因此应赋予县域主管部门一定的规划决策权，以便于整合县域城镇的比较优势，使其尽快成为新的县域增长核心，以此推动县域经济、社会、环境可持续发展。

3. 尽快形成低碳特色产业集群

根据县域比较优势资源（特色资源），积极培育和发展壮大低碳特色主导产业，进一步拉长产业链条，围绕低碳特色产业链条在县域范围内形成合理的劳动地域分工，避免盲目发展与重复投资，尽快在县域产业集聚区（或工业园区）形成具有县域特色的低碳产业簇群，以提高县域产业的综合实力与市场竞争能力。

（四）县域乡村体系空间结构优化

目前，我国县域村落空间结构是在传统农业经济时期马车步行交通方式下形成的，"三里一村、十里一店（集镇）"的乡村空间状况描述是传统农业经济时代平原农区乡村空间分布的真实写照，也是传统农业生产发展的需要。这种乡村空间分布已经不能满足农业产业化和现代农业发展的需要，已经成为县域低碳经济发展过程中探讨新型农业现代化、新型工业化、新型城镇化和信息化同步发展的桎梏，县域乡村空间结构布局优化意义重大。

1. 县域乡村空间布局优化路径

一是乡村发展条件分析评价。构建乡村发展评价指标体系，对影响乡村发展的经济基础、交通区位、乡村规模、基础设施、生态环境等方面进行分析评价，以确定乡村未来的发展潜力。

二是确定村庄等级类型。根据乡村发展潜力，将乡村划分为中心村、基层村、历史文化名村、拆迁村、合并村等等级类型。

三是中心村整治原则。应鼓励中心村发展，完善其配套设施。中心村是社会主义新农村建设资金的主要投放地，"三农"政策的主要倾斜对象。中心村必须建设小学、卫生所、百货店、文化大院、水冲式公厕、垃圾中转站和垃圾填埋点等社会基础设施。

四是山区基层村整治原则。不鼓励基层村扩张，应适当控制村庄建设。鼓励分散的自然村向中心村集中，鼓励人口向城镇等地转移。逐步减少对基层村道路等基础设施的投入，引导基层村居民改变生产方式，因地制宜地推行相应的农业发展政策。

五是平原地区基层村整治原则。引导分散的自然村逐步集中。改善生产生活环境，逐步完善基础设施和社会服务设施建设。

六是迁并村整治原则。冻结宅基地划拨，控制村庄建设，原则上不再建设农舍。减少投入，不再建设道路等基础设施，促进人口逐步向外地转移。充分利用国家退耕还林、扶贫开发、生态建设等政策，妥善安排村庄搬迁。制定政策帮助村民在目的地建设新家园，保障村民享有耕地等生产资料要素。通过"万村整治，千村提升"工程调整优化县域乡村空间布局结构，积极实施社会主义新农村建设，以适应现代低碳农业和碳汇农业发展的需要。

2. 新农村建设路径

积极发展中心村，加强公共服务和基础设施配套建设，鼓励其他行政村或自然村的村民向中心村聚集，充分发挥中心村的辐射带动作用。有序引导乡村整合，加强村容村貌建设。逐步撤并小型村，整理空心村，缩减自然村，搬迁偏远村，形成梯次合理的农村聚落布局。建设各具特色的新农村，注重提升新农村的建设内涵。按照体现文化内涵、反映区域特色的要求，以各种类型乡村的功能定位为导向，进行各具特色的碳汇乡村建设。

六 县域碳汇林业建设路径

（一）县域碳汇林业建设路径

一是以林业重点工程（包括天然林保护工程）、农田林网工程建设为基础，大力发展碳汇林业；二是借助国际森林碳汇项目交易平台，积极发展碳汇林业，为我国县域碳汇林业发展提供更多的国际 CDM 项目支持，为国内森林碳汇交易积累经验；三是根据未来的国内森林碳汇交易市场，推动县域碳汇林业健康可持续发展。由此可以看出，国内外森林碳汇交易平台建设运行将成为促进县域碳汇林业建设的主要途径。

（二）县域碳汇林业建设原则

县域碳汇林业建设要坚持以下三个原则：一是可持续发展原则。林业碳汇建设既要重视经济社会的可持续发展，也要重视生态环境的可持续发展。二是市场准入标准化原则。制定统一的林业碳汇市场进入标准，生产、计量、认证标准，以及交易规则标准。三是市场交易信息透明原则。保障所有参与者的公平竞争，规范市场秩序，提升市场效率，更好地进行林业碳汇资源配置，以带动林业碳汇生产者的积极性（黄萍、黄颖利、李爱琴，2012）。

（三）县域碳汇林业建设对策

1. 加大碳汇林业建设宣传力度

大力宣传碳汇林业，积极打造林业碳汇建设、交易的环境优势。一是打造良好的舆论环境，提高公众的林业碳汇意识和造林固碳意识，提升企业的环境保护意识和责任意识。二是形成良好的政策环境。及时制定出台林业碳汇科研、林业碳汇人才、林业碳汇建设、林业碳汇交易平台等方面的优惠政策和相关制度，形成良好的林业碳汇建设、交易政策环境。三是营造良好的行业环境。县域林业管理部门以及相关林业生产单位，要把握国家林业局有关林业碳汇制度的制定、颁布和执行情况，了解林业碳汇交易相关机构的运行情况，加强与林业碳汇交易的相关政府部门、科研院所的沟通、合作与交流，及时和国内外林业碳汇交易接轨，以创造有利于林业碳汇建设交易的外部环境。

2. 构建碳汇交易人才引入培育机制

人才是推进林业碳汇交易平台建设的基本保障，县域林业碳汇建设应逐步建立和完善用人机制，建立有竞争力的人才引入培育机制，为县域林业碳汇产业健康发展提供人才支撑。

3. 构建有吸引力的林业碳汇需求机制

一是加强企业等经济实体购买林业碳汇的专题调研；二是制定出台企业等经济实体购买林业碳汇指标的相关优惠政策；三是购买林业碳汇指标应与企业等经济实体的信用等级、产品形象以及产品销售形成一定的关联机制；四是企业等经济实体用于购买林业碳汇的资金可以免交企业所得税，政府还要给予一定形式的宣传表彰。

4. 完善林业碳汇交易保障机制

将林业碳汇计量与检测资格证书作为林业碳汇交易工作的基本门槛。完善林业碳汇计量监测体系。从碳汇交易主体、客体以及交易平台三方着手逐步完善林业碳汇交易的法律制度。

七 县域碳汇农业发展路径

（一）县域碳汇农业发展路径

1. 大力发展循环农业，减少温室气体和废弃物的排放

大力发展循环农业，加强对农业废弃物的循环利用与综合利用，减少农业生产过程中废弃物的排放，最终实现农业生产低能源资源消耗、低废弃物排放以及高物质能量利用之目的。

2. 大力推广有机农业，增强农业碳汇

发展有机农业要遵循生态系统运行规律，通过作物套种、轮作、秸秆还田、施用绿肥和动物粪肥等生物措施保土施肥；充分利用生物法以及耕作法等防治手段进行病虫害防治；利用自组织机制，实现有机物质的自我循环。因此，推广发展有机农业不仅可以解决高碳农业等问题，还可以提高农产品质量，保障农产品安全，增加碳汇，达到提高生态环境效益和经济社会效益双赢的目的。

3. 大力发展生态休闲观光农业，进一步延长生产链条

发展生态休闲观光农业，既可以为城乡居民提供游憩休闲场所，还可以进一步拉长农业生产链条，提高生态环境的自我修复功能。

4. 改变传统耕作方式，提高土壤固碳水平

合理耕作、部分实行减免耕作，可以减少土壤中不稳定碳的流失，防止水土流失，有效提升土壤有机碳的稳定性，增强农田生态系统的贮碳功能。

（二）县域碳汇农业发展对策

碳汇农业属于一种新兴产业，需要各方面的政策措施协同支持。

1. 构建碳汇农业发展长效机制

构建能够反映碳汇市场供求关系、稀缺程度和损害成本的价格形成机制；对化肥、农药开征环境税，并全部反哺碳汇农业，调动农民发展碳汇农业的积极性；等等。

2. 构建碳汇农业发展保障机制

创新完善碳汇法规制度体系，充分发挥法规政策、财政资金和农村金融机构在碳汇农业发展方面的导向作用，激励农民积极发展碳汇农业。

3. 构建碳汇农业发展技术创新体系

具体包括低碳（零碳）农业科技创新与推广应用，低碳（零碳）农业科技力量的集成创新，低碳（零碳）农业技术标准规范，低碳生态城镇与碳汇生态乡村建设的技术规范等。最终形成相对完善的碳汇农业发展技术创新体系，推动碳汇农业健康发展。

4. 设立农业碳基金

要及时设立农业碳基金，进一步拓展绿色农业、有机农业和生态农业的资本市场，积极解决碳汇农业发展过程中的资金需求问题，为碳汇农业发展提供有力的资金支持。

5. 推进碳排放权交易

以清洁生产发展机制为核心，积极推进碳排放权以及农业碳汇交易，这样不仅保障了绿色农产品、有机农产品的价值，还可以额外增加农民的碳汇收入，以激发和调动乡村居民发展碳汇农业的积极性。

6. 鼓励各类资本向碳汇农业投资

碳汇农业发展需要大量资金，除建立农业碳基金和财政支持引导外，还应以全新视角设计各类资金支持碳汇农业的框架体系，鼓励各类资金向碳汇农业转移，共同参与和推动碳汇农业发展。

7. 大力发展各种形式的农业专业合作

在县域范围内要进一步加大农地的流转速度、规模等，及时改变传统的农业组织形态，大力建设各种形式的农业专业合作社，引导其选择发展合适的碳汇农业项目。

8. 征收进口农产品碳关税

借鉴西方发达国家的经验，征收进口农产品碳关税，并用于补贴国内有机农产品、绿色农产品等碳汇农产品生产，以此提高农民发展碳汇农业的积极性（谢淑娟、匡耀求、黄宁生，2010）。

八　县域低碳生态城镇建设路径

城乡聚落是人类生产生活的重要载体，无论是低碳产业发展，还是能源清洁生产，都与城镇、乡村聚落建设紧密地联系在一起。县域低碳生态城镇建设路径主要包括以下四个方面的内容。

（一）县域低碳生态城镇建设的指导思想

以科学发展观为指导，坚持能源资源高效利用、能源结构调整优化、县域经济社会发展与生态环境保护、低碳生态城镇建设相协调；坚持减少二氧化碳等温室气体排放、遏制全球气候变暖与促进人民生活水平提高相协调；综合整治城镇环境，巩固、提高污染源治理水平，改善城镇生态环境，促进县域城镇健康发展，实现经济社会发展与生态环境保护的双赢目标，最终把各城镇建设成为自然环境优美、经济社会繁荣、科学技术发达、人们生活富裕、生态状况良好的小城镇，实现经济社会发展与生态环境保护的协调健康可持续发展。

（二）县域低碳生态城镇建设目标

根据县域城镇的经济社会发展以及生态环境现状，因地制宜地开展低碳生态城镇建设工作。第一阶段应达到相关省份确定的低碳生态城镇建设标准。第二阶段应达到国家环境保护部确定的低碳生态城镇建设目标。

（三）县域低碳生态城镇建设任务

低碳生态城镇建设的任务主要包括以下两方面内容：一是科学编制规划。根据生态省规划、生态县规划等上位规划的总体要求，以及城镇自身的具体情况，科学编制《低碳生态城镇建设规划》。二是有序建设管理。在科学规划的基础上，重点要做好建设与管理工作，具体就是要建设清洁城镇、清洁水源、清洁家园，做到垃圾集中填埋、污水集中处理、热源集中供给、住区集中绿化、广告集中治理、文物集中修复保护等工作。

（四）县域低碳生态城镇建设措施

在县域低碳生态城镇建设过程中，主要应做好如下四方面工作：一是积极发展低碳产业，及时调整优化产业结构；二是优化城镇空间结构，配套完善城镇基础设施，尤其是完善"三废"治理等基础设施；三是大力开发利用可再生能源等清洁能源，调整优化城镇能源结构体系；四是积极开展城镇园林绿化，努力建设低碳生态城镇家园。

九 县域碳汇生态乡村建设路径

乡村是县域最基本的组织单元，因此，碳汇生态乡村建设在县域低碳经济发展过程中具有重要意义。

（一）科学编制碳汇生态乡村建设规划

在县域城乡体系规划、生态县建设规划等上位规划的指导下，深入考察调研乡村的自然环境条件和经济社会文化发展条件，在此基础上科学编制碳汇生态乡村建设规划，指导碳汇生态乡村健康有序发展。

（二）碳汇生态乡村建设路径

碳汇生态乡村建设的路径主要包括两个方面。

一是碳汇生态乡村建设路径。主要包括以下三个方面：一是积极采取垃圾转运处理和建立沼气池、氧化塘与人工湿地等措施，有序推进村容村貌美化和生态庭院建设等工作；二是积极推广太阳能、风能、生物质能、天然气等可再生能源和清洁能源，努力优化乡村能源结构；三是严格保护乡村饮用水水源地，确保水环境安全。保护垃圾处理设施，促进其正常运行等。

二是农田碳汇建设路径。具体包括循环农业、有机农业、生态休闲农业等生产方式变革以及耕作方式转变等内容，以此加强农田碳汇建设。

第十章　县域低碳经济发展案例

理论来源于实践，并进一步指导实践工作。县域低碳经济发展机制、模式与路径研究的主要目的就是指导县域低碳经济健康有序发展。

一　汝南县低碳产业发展模式

汝南县位于河南省东南部、黄淮平原西南部，辖王岗镇、梁祝镇、和孝镇、老君庙镇、留盆镇、金铺镇、东官庄镇、常兴镇、罗店镇、三桥乡、南余店乡、韩庄乡、张楼乡、板店乡、汝宁街道办、三门闸街道办和古塔街道办9个镇、5个乡和3个街道办事处，281个村（居）委会，总人口81万人，土地总面积1470平方公里（2010）。近些年来，汝南县先后获得"全国粮食生产大县""全国小麦高产创建示范县""全国玉米高产创建示范县""全国小麦科技入户工程示范县""中国果蔬无公害十强县""全国生猪生产大县""全国科技富民强县试点县""全国科技进步先进县"，以及"河南省粮食生产先进县""河南省无公害畜产品（生猪）生产示范县""河南省食品安全示范县""河南省林业生态县""河南省绿化模范县""河南省科技富民强县示范县"等荣誉称号，并被确定为"河南省农业开发重点县""河南省小型农田水利建设重点县"。

（一）汝南县低碳经济发展现状

2010年汝南县实现国内生产总值87.28亿元，三次产业结构比例为31.39:35.17:33.34，财政一般预算收入1.92亿元，金融机构各项存款余额68.28亿元，全社会固定资产投资67.68亿元，社会消费品零售总额33.42亿元，城镇居民人均可支配收入11750元，农民人均纯收入4894元（郭荣朝，2013）。

1. 低碳农业快速发展

一是蔬菜生产。近些年来，汝南县蔬菜生产规模进一步扩大，质量进一步提高。2010年，蔬菜种植面积达到2.66万公顷，温室2.3万座，有6600多公顷达到优质蔬菜种植标准。无公害蔬菜生产基地逐步扩大，大葱、番茄、萝卜等6种无公害蔬菜生产基地获得省级认证；无公害农产品生产基地已达1300多公顷，辣椒、白菜、南瓜等10多种无公害农产品正在组织申报中。

二是林果生产。"十一五"期间，汝南县林果业生产进一步发展，成片造林4200多公顷，新建和完善农田林网3.93万公顷，新建和完善通道绿化造林670公里，河沟渠造林310公里，植树360万株，累计种植林果面积达4660余公顷、花卉苗木面积近1000公顷。

三是畜牧养殖。汝南县生猪生产发展势头强劲，牛、羊、兔、鹅等食草节粮型畜禽养殖发展迅速，基地养殖生产优势明显。截至2010年年底，汝南县建成养殖专业村96个、养殖小区19个，畜牧养殖生产基地的畜禽饲养量占全县总饲养量的49%以上，实现产值5.8亿元，占全县畜牧业产值的53%。2010年全县肉类总产量85679吨，其中，猪牛羊肉85427吨；禽蛋产量18831吨；牛奶产量1310吨；水产品产量8520吨，渔业总产值1.2亿元。

四是粮油种植。2010年汝南县粮食总产量525626吨，创历史新高；油料总产量91449吨；棉花总产量1394吨；烟叶总产量990吨。

五是生产条件。2010年汝南县新增有效灌溉面积1330多公顷、节水灌溉面积230多公顷。年末全县农业机械总动力74.71万千瓦。主要农作物生产基本实现机械化或半机械化作业。

2. 产业集群逐步形成

2010年汝南县完成工业增加值27.4亿元。其中，规模以上工业企业增加值18.74亿元，占全县工业增加值的68.39%。非公有制规模以上工业企业增加值16.7亿元，占全县工业增加值的60.95%。实现产品销售收入75.17亿元，实现利润7.35亿元，工业产品销售率达97.6%。汝南县工业增长的良好势头得益于2009年开始的产业集聚区建设。汝南县产业集聚区规划面积15.5平方公里，以装备机械制造、新型建材、农副产品加工等为主导的产业集群逐步形成。截至2010年6月，产业集聚区内共入驻项目43个，其中亿元以上项目有19个。2010年1～5月，产业集聚区工业项目完成固定资产投资 7 亿元，用电量达 4032 万千瓦时，实现工业总产值 26 亿元，完成销售收入 25.2 亿元，实现利税 3.25 亿元。

3. 低碳产业渐成气候

一是生态旅游。2010 年汝南县共接待游客 103 万人次，实现旅游收入 4110 万元。随着"中国梁祝之乡""千年古县"的申报成功，以及梁祝传说和罗卷戏被列入国家级非物质文化遗产保护名录，以宿鸭湖水库为主体的生态休闲游，以南海禅寺、天中山为主体的生态文化游，以梁祝故里为主体的中国"罗密欧与朱丽叶"爱情游已成为汝南县生态旅游发展的新的增长点。

二是低碳生活。2010 年汝南县城镇化水平达到 30.8%。随着 2009 年汝南县成功入选 50 佳"中国最美的小城"和 2010 年河南省级卫生县城验收达标，以卫生、清洁、节能为主要内容的低碳生活模式逐步被汝南县人民所接受。

（二）汝南县低碳经济发展中存在的问题

1. 产业转型任重道远

传统工农业转型已成为县域低碳经济发展的重中之重。我国县域经济增长方式粗放，多以简单农业生产为主，农业产业化、生态化配套设施落后；工业主要以劳动密集型和资源密集型产业为主，工艺技术装备水平低下，产品附加值低。2010 年汝南县财政一般预算收入 1.92 亿元，在一缺资金、二缺人才的情况下，县域产业转型升级任重道远。

2. 低碳技术到位困难

县域低碳经济发展需要一定的低碳技术作支撑，而技术的"拿来"与引进必须要有足够的资金配套与支持，以推动产品创新、技术创新、管理创新、节约能源资源、减少污染排放和引进培育人才等。目前，汝南县财政收入较少，财政支出主要靠转移支付；作为汝南县的一般中小企业，融资难已成为其正常运营过程中的关键问题。没有资金、人才支撑，低碳技术到位困难。

3. 低碳理念尚未形成

相对于经济社会发展水平较高的国家和地区，地处中部地区的汝南县居民整体素质较低，对低碳理念理解不深刻，在具体行为中自我约束力较差、主观能动性不高，继而直接影响低碳产品的生产与消费，制约县域低碳经济发展。与此同时，县域中小企业投资者传统发展观念根深蒂固，在当前利益和长远利益的取舍中，趋利性强，只顾眼前利益，忽视长远发展。

4. 政策法规有待完善

我国低碳经济发展水平较低，发展低碳经济的相关政策法规有待进一步健全完善。英国、美国、日本等发达国家已出台了有关低碳经济发展的系列政策法规。例如，2010 年日本内阁出台建设低碳社会的政府文件，涉及产业、金融、税收等方面，并推出了相关配套政策和项目支持。我国虽然也提出了节能减排目标措施，但至今尚无国家、省、市、县层面上的推进低碳经济发展的专门性政策法规，更缺少项目、资金的配套支持，不利于调动企业等经济实体发展低碳经济的积极性。

（三）汝南县低碳经济发展思路

1. 培育低碳产业模式

低碳产业是县域低碳经济发展的核心。在今后的汝南县域经济发展中，要以低碳技术创新、传统产业改造、新兴产业培育为抓手，调整升级汝南县域产业结构，优化产业空间布局，逐步培育农业地域循环经济模式（见图 10－1）、农业关联循环经济模式、工业地域循环经济模式、工业关联循环经济模式、农工循环经济模式、农贸循环经济模式、农工贸循环经济模式（见图 10－2）等，最终实现产业结构低碳化、县域低碳产业有序发展。

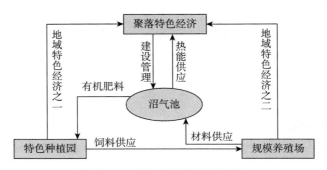

图 10－1　农业地域循环经济模式

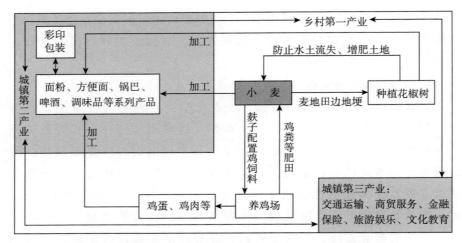

图 10 - 2　农业地域（小麦产区）农工贸循环经济模式

2. 建设低碳（碳汇）生态城乡聚落

低碳（碳汇）生态城乡聚落是以低碳（零碳、碳汇）经济模式作为经济发展主导方向，以低碳生活理念作为居民行为指南，以低碳社会建设作为目标的低碳（碳汇）城乡发展模式。由此可以看出，低碳（碳汇）生态城乡聚落与低碳经济紧密相连，二者互为因果，相辅相成，相互促进。

3. 倡导低碳生活

低碳生活主要体现在节水、节电、节气等节约利用资源以及废物回收利用等生活细节方面。它能够尽可能少的利用资源，使生态环境得以修复，推动经济社会环境健康协调可持续发展。

4. 推进低碳科教

县域传统产业的改造升级，新兴低碳产业的发展，碳汇农业、碳汇林业的建设，低碳交通和低碳建筑等低碳生活模式的形成等，都必须依靠科学水平的不断提高和低碳（零碳）技术的进步。

（四）汝南县低碳经济发展对策

1. 加大低碳宣传力度

要充分利用广播、电视、网络等各种媒体，加大低碳经济发展、低碳社会建设的宣传力度，以形成良好的低碳文化氛围。

2. 建立激励约束机制

我国低碳经济发展仍处于初始阶段，国家、省、市、县层面要及时出台支持县域低碳经济发展的法规制度、扶持政策和相关实施细则。扶持政策应包括产业允许和限制政策、投资和融资政策、信贷和土地使用优先政策等。制定奖励措施促进低碳技术研发及推广应用。加快制定低碳经济发展规划，将低碳经济发展作为县域经济社会发展规划的一项重要内容，超前、主动规划好县域低碳经济发展目标、步骤以及重点项目。按照"统筹城乡资源、突出低碳重点、多方筹措资金、引进研发低碳技术、构建低碳发展模式"的原则，建立县域低碳经济发展激励约束机制。

3. 重点发展低碳（碳汇）农业

根据国家主体功能区定位以及汝南县低碳农业发展基础，今后要重点引进和研发低碳（碳汇）农业技术，根据市场需求，大力发展无公害有机蔬菜和无公害林果的种植规模，完成大葱、萝卜、番茄、辣椒、白菜、南瓜、梨、红枣等无公害农产品的认证工作，与大中城市超市对接，缩短销售环节，形成订单蔬菜、订单林果等农产品销售渠道，以充分保障菜农、果农的切身利益。根据市场需求，大力养殖有机猪、有机牛和其他有机家禽，以满足城乡居民对有机家禽、蛋、奶的需要。积极引进优良品种，大力发展绿色有机粮油种植，在提高粮棉油单产和总产的同时，努力提高粮棉油产品的品质，以满足城乡居民对生活必需品日益提高的需求。

4. 积极发展新能源产业

一是风能水电产业。汝南县宿鸭湖水库属淮河流域，建成于1958年，湖面南北长35公里，东西宽15公里，蓄水面积239平方公里，常年水面面积167平方公里，库容16.56亿立方米，是亚洲面积最大的平原人工水库。加之该县属于大陆性季风气候，宿鸭湖水库风能资源极为丰富，要予以重点开发利用。汝河、云溪河、罗店沟、冷水河等河流注入宿鸭湖，水库多年平均径流量13.32亿立方米，现有桂庄和下屯两座水电站，装机容量分别为 2×500 千瓦和 2×1250 千瓦，要进一步开发宿鸭湖水库的水能资源。

二是太阳能光伏产业。汝南县是北亚热带和暖温带之间的过渡地带，四季分明，气候温和，光热资源丰富。因此，要大力开发利用太阳能等光热资源，积极发展光伏产业，充分利用汝南县的光热资源。

5. 大力发展低碳产业

一是生态旅游。充分利用汝南县域的宿鸭湖、南海禅寺（亚洲最大的佛教寺院）、天中山（世界上最小的山）、梁祝故里、董永遇仙处等旅游景点景区及其深厚的文化底蕴，大力开发生态旅游、体验旅游、参与旅游等旅游项目，带动经济社会可持续发展。

二是低碳服务业。加快发展低碳物流、信息服务、金融保险、中介服务等低碳服务业。

6. 努力构建低碳社会

一是积极推广绿色建筑和生态建筑；二是积极发展低碳交通；三是努力实施低碳科教（王懋、沈颢、贾健莹，2011）。

7. 完善低碳法规体系

尽管国家还没有出台专门的发展低碳经济的法规，县级人民政府可以制定与国家现有环境保护法律法规一致的实施细则来保障县域低碳经济发展；将县域低碳经济发展纳入国民经济和社会发展规划中，把"低碳化"作为县域经济发展的战略目标之一，以红头文件的形式贯彻执行。

二 乐陵市产业结构低碳化调整模式

乐陵市位于山东省北部，与河北省毗邻，地理位置优越。乐陵市 1988 年撤县建市，现为德州市下辖县级市，面积 1172 平方公里。2013 年总人口 69.9 万人，包括花园镇、化楼镇、郑店镇、朱集镇、杨安镇、孔镇镇、黄夹镇、丁坞镇、铁营镇、寨头堡乡、西段乡、大孙乡、市中街道办、郭家街道办、胡家街道办、云红街道办 9 个镇、3 个乡、4 个街道办事处，491 个村（居）委会。

（一）乐陵市产业结构低碳化调整过程

1. 总体情况

2013 年乐陵市国内生产总值 213.64 亿元。其中，三次产业增加值分别为 30.67 亿元、111.67 亿元、71.3 亿元，三次产业比例为 14.36：52.27：33.37（见表 10 - 1），产业结构得到进一步优化。乐陵市先后培育形成了五金机械装备制造产业、农副产品（食品）深加工产业、文化旅游与商贸物流产业、科技金融产业、绿色（循环）化工产业、节能环保产业、体育产业等支柱产业；培植了 280 家规模以上工业企业，拥有行业"唯一性"和"排他性"的国家马铃薯工程技术研究中心和国家体育用品工程技术研究中心各 1 家，建有国家级企业技术中心 2 家、山东省级技术中心 7 家，国家火炬计划重点高新技术企业 2 家、山东省高新技术企业 9 家、德州市工程技术研究中心 21 家、德州市企业重点实验室 6 家，市级以上科技创新平台达到 120 家。乐陵还拥有国家创新型试点企业 1 家、国家技术创新示范企业 1 家、山东省创新型（试点）企业 5 家、德州市创新型企业 5 家、德州市科技型中小企业 16 家（孙起生，2010）。

表 10 – 1　乐陵市产业结构演变过程

单位：亿元

年份	国内生产总值	第一产业增加值	第二产业增加值	第三产业增加值	三次产业增加值比值
2000	31.20	11.54	12.17	7.49	37.00:39.00:24.00
2005	71.76	11.91	38.18	21.67	16.60:53.20:30.00
2009	122.53	21.79	59.43	38.89	17.80:48.50:33.70
2013	213.64	30.67	111.67	71.30	14.36:52.27:33.37

2. 第一产业低碳化调整过程

农业是乐陵市的基础产业，全市第一产业增加值已由 2000 年的 11.54 亿元增加到 2013 年的 30.67 亿元，年均增长率达到 7.81%。乐陵市第一产业主要以种植业、经济林以及畜禽养殖为主，粮食、油料、棉花、蔬菜、林果、畜禽等农业产品资源十分丰富。乐陵市第一产业低碳化调整过程主要表现在以下五个方面。

一是积极发展低碳生态的金丝小枣特色农业，"枣棉互作""枣粮互作"的低碳生态农业生产模式已经形成。

二是积极推广"秸秆—养牛—沼气—有机肥—还田"五位一体的循环农业生产模式。

三是积极推广秸秆还田和"两减"项目。乐陵市响应国家战略和山东省规划，严格禁止焚烧秸秆，积极推广"农作物秸秆机械化还田"；通过种植结构调整、测土施肥、改进农作物施肥方法等，减少农田化学肥料的使用量；通过栽培方式改进、病虫害预警以及生物治虫等措施，减少农田化学农药使用量。

四是积极培育和扶持农业产业化龙头企业。通过"公司＋基地＋农户"模式，培育和扶持农业龙头企业，促进农业产业化、农业现代化、农业低碳化、农业生态化。希森三和集团等一批全国同行业最大的农业产业化龙头企业，有力地促进了低碳产业、低碳工业、低碳农业和碳汇农业的发展。

五是积极发展碳汇林业。通过经济林的规模种植以及农田林网建设、城区生态绿化等措施改善乐陵市生态环境，不仅取得了良好的经济社会效益，而且碳汇林业也得到了长足的发展（孙起生，2010）。

3. 第二产业低碳化调整过程

乐陵市工业经济快速发展，工业增加值已由 2000 年的 12.17 亿元增加到 2013 年的 111.67 亿元，年均增速达 18.59%。2013 年，规模以上工业企业已达到 280 家，实现增加值 121.49 亿元；高新技术产业实现产值 179.66 亿元，占规模以上工业企业总产值的 27.6%；销售收入过亿元的企业 148 家，销售收入合计 520.03 亿元，占规模以上工业企业的 85.4%，其中销售收入过 10 亿元的企业 8 家；销售收入过 30 亿元的企业 4 家。乐陵市的工业主要集中于汽车零配件、体育器材、五金、纺织四大行业，实现产值 297.6 亿元，占全市规模以上工业企业总产值的 48.95%。乐陵已涌现出金麒麟集团等一批具有一定生产规模和发展潜力的龙头企业。其产业低碳化调整的主要做法有：调整改造传统产业，加快产业优化升级，积极发展高新技术产业，促进低碳工业健康有序发展（孙起生，2010）。

4. 第三产业低碳化调整过程

乐陵市地处两省（山东、河北）四市（德州、滨州、沧州、济南）交界处，物产丰富、商贸发达。近些年来，乐陵市人民政府先后印发了《关于加快服务业跨越发展的若干政策的通知》等文件，大力发展现代商贸、物流、交通、旅游等第三产业，努力打造鲁北冀南商贸物流旅游中心。第三产业增加值已由 2000 年的 7.49 亿元增加到 2013 年的 71.3 亿元，年均增速达 18.93%，第三产业已成为乐陵市发展低碳经济的重要增长点。其主要做法如下。

一是做大商贸物流业。以商务部提出的"万村千乡市场工程"建设计划为契机，乐陵市大力推动农村现代商贸流通业的快速发展，2013 年实现社会消费品零售总额 86.6 亿元。

二是做精现代旅游业。乐陵市努力构建"一心、两带、四区"的旅游空间格局。"一心"，即金丝枣都旅游中心；"两带"，也就是马颊河滨水景观带、漳卫新河滨水景观带；"四区"包括欢乐枣乡旅游片区、生态乡村旅游片区，湿地绿湖旅游片区，花园古城旅游片区。目前，乐陵市有

AAAA 级旅游景区 1 个、AAA 级旅游景区 2 个、AA 级旅游景区 2 个、全国农业旅游示范点 2 个、山东省工业旅游示范点 3 个、山东省旅游强乡镇 2 个、山东省旅游特色村 1 个、山东省自驾游示范点 1 个、山东省旅游下乡工程示范点 1 个、山东省旅游休闲购物街区 1 个。

三是做优现代服务业。除商贸流通、旅游业等第三产业之外，乐陵市在现代服务业发展方面重点做优做强体育产业，已形成集研发、生产、服务于一体的体育产业体系。2012 年体育产业实现销售收入 80 亿元、利税 9 亿元，出口创汇 2000 万美元（孙起生，2010）。

5. 产业空间布局优化过程

2005 年以来，乐陵市先后规划建设了经济技术开发区、青岛保税港区乐陵保税园区、循环经济示范园区、农业高新技术产业示范区等，产业集群集约生产格局已经显现。

一是经济技术开发区。它属山东省级开发区，位于乐陵市主城区的东北部和西部，已形成汽车零部件等低碳特色产业集群，多家企业通过 ISO14000 认证。

二是青岛保税港区乐陵保税园区。2012 年青岛保税港区乐陵保税园区开始建设，园区有现代物流、承接沿海地区及临近中心城市产业转移、聚集本地主导产业、商品展示交易四大功能，构建仓储分拨物流、高端制造、新兴产业孵化、大宗商品展示交易、高端金融服务、生活配套六个特色板块。园区建设目标是成为青岛保税港区功能辐射带动示范区，以创新模式推动山东省陆海统筹发展、"蓝黄"战略融合的成功典范，以及黄河三角洲高效生态经济区最具特色和最具影响力的功能园区。

三是循环经济示范园区。该园区位于乐陵市铁营镇，面积 20.8 平方公里。园区以发展循环化工（绿色化工）和再生资源综合利用（节能环保）两大产业为主。其中，循环化工产业以石油化工、精细化工、化工新材料为主，再生资源综合利用产业以塑料颗粒加工、废旧物质回收、汽车拆解、废旧家电无害化处理为主。截至 2013 年底，园区已累计引进项目 34 个，建成投产项目 15 个，在建项目 14 个。

四是德州（乐陵）农业高新技术产业示范区。2011 年 1 月 15 日被山东省人民政府批准成立的省级农业高新技术产业示范区包括"两区十园"，即黄夹镇部分村庄构成的西区，朱集镇部分村庄组成的东区；西区包括马铃薯品种选育扩繁园、马铃薯种植示范园、循环经济产业园、现代农业物流园和农业高新技术创业园；东区包括枣种植资源保护与利用园、金丝小枣标准化种植园、生态农业观光园、生物工程产业园和农副产品加工园；总面积 38 平方公里。示范区内年销售收入超过 15 亿元。示范区的建设目标为，突出马铃薯种薯扩繁和金丝小枣的种质资源保护与开发主线，注重特色，打造链条，集聚马铃薯、金丝小枣、调味品、玉米深加工和鲁西黄牛等特色产业，坚持可持续发展，突出在国内的示范与辐射作用，立足黄河三角洲，南融济南，北接天津，服务环渤海，辐射全国，努力建设成为鲁北门户的农业高新技术产业集聚区、高效生态农业示范区和现代农业可持续发展试验区。

（二）乐陵市产业结构低碳化过程中存在的问题

1. 产业结构高度化层次偏低

由表 10-2 可以看出，乐陵市的产业结构与世界银行估算的国际标准结构（1980~1981 年）、库兹涅茨标准相比较，第三产业发展滞后，仍存在明显的不足，大约低 10 个百分点；同时也远低于我国的平均水平（46.09%）以及发达县（市）域的第三产业发展水平。乐陵市产业构成中第二产业比重高达 52.3%，工业结构低碳化的内涵挖掘、质量提高、产业竞争力，尤其是企业的市场竞争力，有待进一步提高。第一产业，尤其是农业低碳生态发展取得了突出成绩，但德州（乐陵）农业高新技术产业示范区的规划面积只有 38 平方公里，高技术高效益的低碳农业、碳汇农业发展仍处于"点"的示范阶段，低碳化、特色化、集群化、集约化的高新技术农业发展有待进一步推广。

表 10-2　2013 年乐陵市产业结构与国际标准结构比较

单位：美元,%

项目　结构比例	乐陵市	库兹涅茨标准		世界银行标准	
人均国内生产总值	1771	500	1000	850	2500
第一产业	14.3	18.7	11.7	24	13
第二产业	52.3	40.9	48.4	38	45
第三产业	33.4	40.4	39.9	38	42

注：按美元兑 6.14 元人民币计算人均生产总值。

2. 企业低碳化内涵的挖掘有待进一步加强

2013 年乐陵市规模以上工业企业产值只占工业总产值（353.28 亿元）的 34.39%，规模以下企业仍是乐陵市工业发展的主力，在一定程度上说明"三高"企业仍占较大比重。

3. 产品高新技术含量仍待进一步提高

2013 年乐陵市高新技术产业产值占规模以上工业产值的比重只有 27.6%，在一定程度上说明多数企业仍然生产传统产品。同时，也可以看出，多数企业仍然生产传统产品，究其原因主要是科研经费投入不足、科技人员数量长期偏少；企业研发活动滞后，大部分企业仍没有自己的产品研发中心；科研与产业相分离，技术商业化能力偏低；科技进步贡献率偏低等。

4. 产业结构低碳化实践过程困难重重

产业结构层次偏低，企业低碳化内涵有待于进一步挖掘，产品高新技术含量有待进一步提高，加之以煤炭为主的能源结构在短期内难以改变等原因，乐陵市产业结构低碳化实践过程仍困难重重。

（三）乐陵市产业结构低碳化对策

乐陵市在产业结构低碳化方面虽然取得了一定成绩，但总体上仍处于试点示范阶段，还存在上述诸多问题。为此，乐陵市在今后的产业结构低碳化过程中还需及时采取以下四方面的对策措施：一是领导干部层面要树立新常态背景下的发展观，企业层面要树立新常态背景下的生产观，社会层面要树立新常态背景下的消费观。以此促进乐陵市低碳发展理念的形成。二是以企业为单元，建立"点"上小循环；以产业为单元，建立"线"上大循环；以城市或乡村为单元，建立"面"上大循环。通过不同层面的循环经济的发展，促进低碳经济健康发展。三是坚持不懈抓好节能减排工作。四是努力推动低碳经济健康有序发展（孙起生，2010）。

三　镇平县城镇空间结构优化经验

镇平县位于河南省西南部，南阳盆地北侧，伏牛山南麓，境内山地、丘陵、平原各占 1/3，土地总面积 1560 平方公里，2010 年下辖石佛寺镇、晁陂镇、遮山镇、贾宋镇、卢医镇、枣园镇、曲屯镇、高丘镇、杨营镇、侯集镇、老庄镇、柳泉铺乡（2011年撤乡设镇）、彭营乡、张林乡、王岗乡、二龙乡、安字营乡、马庄乡、郭庄回族乡、涅阳街道办、玉都街道办和雪枫街道办11个镇、8个乡、3个街道办事处、409个行政村，总人口97.17万人。镇平县是国家命名的"中国玉雕之乡"、"中国地毯之乡"、"中国金鱼之乡"、"中国民间艺术之乡"、"中国玉兰之乡"和"全国文明村镇建设示范点"，还是河南省命名的18个综合改革试点县和26个城镇化重点县之一，全县共有国家级重点镇3个、省级"中州名镇"4个、南阳市"星级镇"9个，获国家人居环境范例奖1个。

改革开放以来，镇平县经济得到较快发展，国内生产总值总量和人均国内生产总值从1991年的10.9亿元、1100元增加到2008年的161.21亿元、17630元，分别增加了13.79倍和15.03倍。2008年镇平县国内生产总值和人均国内生产总值在河南省109个县市中分别为第20位和第42位，处于中上等水平，而人均国内生产总值仍比河南省平均水平（19593元）低1963元，更比全国平均水平低5010元。2008年镇平县城镇化水平40.2%，比河南省平均水平（36%）高4.2个百分点，比全国平均水平（45.7%）低5.5个百分点。由此可以看出，镇平县经济社会发展与全国平均水平相比仍有一定差距，与东部沿海发达地区的差距则更大，而且这种差距还在进一步扩大。其根本原因之一就是城镇发展差距的不断拉大。镇平县城镇发展在河南省乃至中部地区都具有典型的代表性（郭荣朝、苗长虹，2010）。

（一）镇平县城镇空间结构现状特征

1. "廊道效应" 明显

镇平县的城镇主要沿交通线或河流沿岸地区分布。县城、石佛寺镇、晁陂镇、遮山镇、曲屯镇、柳泉铺镇等城镇集中分布于312国道、宁（南京）西（陕西西安）铁路以及沪（上海）陕（陕西西安）高速公路组成的复合通道地带；高丘镇、杨营镇、侯集镇、老庄镇等城镇则沿赵河或207国道分布，赵河两岸村落密布；县城则位于312国道、207国道与赵河的交汇处（见图10-3）。镇平县的城镇沿交通线（或河流）分布而成的"廊道效应"明显。

2. 复合通道地带城镇建成区面积快速增长

改革开放以来，镇平县经济快速发展，城镇建设步伐加快，城镇建成

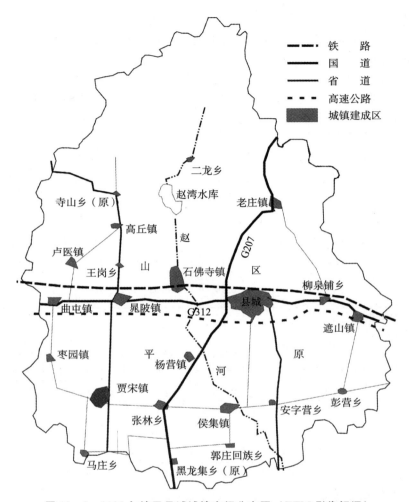

图 10 - 3　2005 年镇平县域城镇空间分布图 （ETM 影像解译）

区面积由 1990 年的 15.1 平方公里增加到 2008 年的 47 平方公里。20 世纪
90 年代，镇平县城、贾宋镇、石佛寺镇、老庄镇、曲屯镇、卢医镇、晁陂
镇、侯集镇等城镇建成区面积扩展较快。21 世纪以来，随着宁西铁路
（2004 年）以及沪陕高速公路（2008 年）的建成通车，分布于 312 国道沿
线复合通道地带的镇平县城、石佛寺镇、晁陂镇、曲屯镇、遮山镇、柳泉
铺镇等城镇快速发展，建成区面积快速扩展。复合通道地带城镇建成区面
积占镇平县城镇建成区总面积的比重由 1999 年的 52.59% 增加到 2008 年
的 60.01%，提高了 7.42 个百分点。镇平县城建成区面积扩展最快，由

1999 年的 9.5 平方公里增加到 2008 年的 17.6 平方公里，净增 8.1 平方公里；石佛寺镇建成区面积增长比例最大，由 1999 年的 2.5 平方公里增加到 2008 年的 5.7 平方公里，增长了 128%（见表 10 – 3）。

表 10 – 3 1990 ~ 2008 年镇平县各乡镇建成区面积及扩展强度指数

单位：平方公里

	总计	县城	石佛寺镇	遮山镇	老庄镇	高丘镇	卢医镇	曲屯镇	枣园镇	晁陂镇	贾宋镇	侯集镇
1990 年	15.1	6.3	1.0	0.1	0.2	0.1	0.2	0.2	0.3	0.7	1.5	2.1
1995 年	21.7	9.5	1.3	0.3	0.9	0.2	0.5	0.3	0.4	0.8	2.0	2.3
1999 年	28.9	9.5	2.5	0.3	1.5	0.4	0.9	1.1	0.5	1.3	4.5	2.6
2005 年	38.9	14.7	4.2	0.4	1.6	0.7	0.9	1.2	0.6	1.6	5.4	2.7
2008 年	47.0	17.6	5.7	0.7	2.1	0.9	1.1	1.6	0.7	2.0	5.9	2.9
1990 ~ 1999 年均扩展面积	1.53	0.36	0.17	0.02	0.14	0.03	0.08	0.1	0.02	0.07	0.33	0.06
1999 ~ 2008 年均扩展面积	2.01	0.9	0.36	0.04	0.07	0.06	0.02	0.06	0.02	0.08	0.16	0.03

	柳泉铺乡	二龙乡	王岗乡	寺山乡	马庄乡	张林乡	杨营镇	黑龙集乡	安子营乡	彭营乡	郭庄乡
1990 年	0.4	0.2	0.2	0.1	0.1	0.5	0.1	0.3	0.3	0.1	0.1
1995 年	0.5	0.2	0.2	0.1	0.1	0.5	0.4	0.3	0.3	0.5	0.1
1999 年	0.5	0.2	0.3	0.1	0.2	0.5	0.4	0.4	0.4	0.6	0.1
2005 年	0.5	0.3	0.4	0.1	0.2	1.1	0.7		0.4	0.6	0.2
2008 年	0.6	0.4	0.4	0.1	0.3	1.2	0.9		0.4	0.7	0.3
1990 ~ 1999 年均扩展面积	0.01	0	0.01	0	0.01	0.01	0.03	0.01	0.01	0.06	0
1999 ~ 2008 年均扩展面积	0.01	0.02	0.01	0	0.01	0.07	0.06	0	0.01	0.01	0.02

注：① 2005 年黑龙集乡、寺山乡因行政区划调整被撤并到其他乡镇。②数据来源：南阳市统计局：《今日南阳小城镇（1990 ~ 1999）》，2001，第 533 ~ 601 页；2005 ~ 2008 年数据均由镇平县统计局提供。

3. 城镇经济实力进一步增强

1990 ~ 1999 年，镇平县各乡镇地区生产总值由 8.02 亿元增长到 73.45 亿元，年均增长 7.27 亿元。其中，镇的地区生产总值由 1990 年的 3.09 亿元增加到 1999 年的 50.16 亿元，年均增长 5.23 亿元，所占比重由 38.6%

增长到 68.3%，年均增长 3.3 个百分点。1990 ~ 1999 年镇平县乡镇建成区地区生产总值由 1.52 亿元增长到 18.74 亿元，年均增长 1.91 亿元，所占比重由 18.95% 增长到 25.51%，年均提高 0.73 个百分点。其中，镇建成区地区生产总值由 0.8363 亿元增长到 14.6472 亿元，年均增长 1.53 亿元，所占比重由 10.43% 提高到 19.94%，年均提高 1.06 个百分点。与此同时，乡镇辖区地区生产总值由 6.5 亿元增长到 54.71 亿元，其中，镇辖区年均增长 1.75 亿元，乡辖区年均增长 1.66 亿元。

1999 ~ 2008 年，镇平县各乡镇地区生产总值由 73.45 亿元增长到 159.5 亿元，年均增长 9.56 亿元。其中，镇地区生产总值由 1999 年的 50.16 亿元增长到 2008 年的 129.9 亿元，年均增长 8.86 亿元，远高于乡 0.7 亿元的年均增长幅度；所占比重由 68.3% 增长到 81.4%，年均增长 1.46 个百分点（见表 10 – 4）。

表 10 – 4　1990 ~ 2008 年镇平县乡镇地区生产总值变化强度指数

单位：亿元,%

	城镇化水平	乡镇地区生产总值	乡地区生产总值		镇地区生产总值		乡镇建成区地区生产总值		乡镇辖区地区生产总值	
			总量	比重	总量	比重	乡建成区	镇建成区	乡辖区	镇辖区
1990 年	—	8.02	4.93	61.4	3.09	38.6	0.6837	0.8363	4.2438	2.2562
1999 年	26.5	73.45	23.29	31.7	50.16	68.3	4.0928	14.6472	19.1977	35.5123
2005 年	35.0	125.50	31.20	24.9	94.30	75.1	—	—	—	—
2008 年	40.2	159.50	29.60	18.6	129.9	81.4	—	—	—	—
1990 ~ 1999 年均增长情况	—	7.27	2.04	- 3.3	5.23	3.3	0.3788	1.5345	1.6615	1.7489
1999 ~ 2008 年均增长情况	1.5222	9.56	0.70	- 1.46	8.86	1.46	—	—	—	—

注："—"表示数据缺失。

2006 年，镇平县工业增加值为 87.28 亿元。其中，建制镇工业增加值为 63.37 亿元，占全县工业增加值总量的 72.6%，占全县地区生产总值的 40.36%。建制镇，特别是县城，具有较强的经济实力，在镇平县经济发展中的地位举足轻重。综上所述，镇平县建制镇（建成区和镇辖区）的地区生产总值、工业增加值以及在县域经济总量中所占的比重快速提高，城镇经济实力进一步增强，县域城镇化水平也进一步提高。

4. 城镇生态环境效益较差

镇平县下辖 12 个镇（含县城）、8 个乡，城镇建成区面积较大、发展速度较快的主要有县城、石佛寺镇、贾宋镇、老庄镇、晁陂镇、侯集镇等，其他城镇规模较小或扩展强度指数较小，城镇建成区面积小于 1 平方公里的城镇仍占 59.1%（见表 10-3）。城镇规模小，乡镇企业布局分散，城镇建成区排水管道等基础设施建设落后（见表 10-5），给周围环境造成了严重的影响和破坏。城镇规模小还导致城镇容纳能力有限，剩余劳动力大量滞留农村，使乡村存量巨大的剩余劳动力与脆弱的生态环境之间的矛盾愈来愈明显，生态系统极其脆弱。

表 10-5　1990~2008 年镇平县各乡镇建成区排水管道建设情况

单位：公里

年份	县城	石佛寺镇	遮山镇	老庄镇	高丘镇	卢医镇	曲屯镇	枣园镇	晁陂镇	贾宋镇	侯集镇	柳泉铺乡	二龙乡	王岗乡	寺山乡	马庄乡	张林乡	杨营镇	黑龙集乡	安字营乡	彭营乡	郭庄乡
1990	16	3	—	2	1	2	2	1	2	4	5	2	—	1	—	2	2	—	1	1	—	1
1995	40	8	2	2	2	4	2	2	5	12	9	3	1	2	1	2	3	3	2	2	2	1
1999	41	9	2	3	3	5	2	3	7	16	11	3	1	2	1	2	3	3	2	2	3	2
2005	64	11	3	6	6	7	5	8	11	17	12	3	2	2	2	2	5	5	3	3	3	2
2008	98	15	3	6	8	7	5	12	18	12	4	2	2	2	2	6	5	3	4	2		

注："—"表示数据缺失。

（二）镇平县城镇空间结构形成机理

1. "边缘效应"

"异质地域"间的边缘区，由于经济社会生态因子的互补性集聚，或地域属性的非线性相互协同作用，产生超越各个地域单元功能叠加之和的关联增值效益，我们称之为"边缘效应"。历史上，镇平县山地丘陵与盆地底部平原地区间的交换活动促进了 312 国道沿线地区城镇的形成与发展。改革开放以后，随着我国市场经济体制的建立完善和交通道路的进一步建设，"边缘效应"得到进一步增强，从而使边缘区人流、物流、资金流、技术流、信息流、生态流等生产要素流动集聚能力进一步加强，312 国道沿线地区（边缘区）城镇快速发展，城镇化水平进一步提高。

2. 交通道路促动

交通道路建设，将激活沿线地区城镇间的交流活动，继而形成具有特定内在联系和功能的带状高等级开放经济系统（见图 10－4），交通道路建设对城镇发展具有重要的引导作用。改革开放以来，镇平县交通道路建设发生了巨大变化：一是 312 国道沿线地区相继实施了国道拓宽工程、宁西铁路和宁西高速公路建设工程等，复合通道初步形成；二是实施 207 国道路面铺设工程；三是实施其他交通道路建设工程，形成交通网络节点；等等。这些交通道路工程建设以及 312 国道沿线地区复合通道的逐步形成，使沿线地区和节点城镇人流、物流、资金流、信息流等生产要素进一步集聚，镇平县城枢纽地位逐步增强，复合通道地带或节点城镇快速发展（郭荣朝、张艳、孙小舟，2005）。

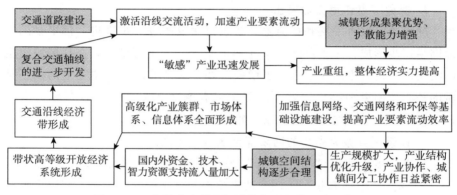

图 10－4　交通道路建设与城镇发展良性互动示意图

3. 特色产业簇群支撑

在镇平县实施工业企业空间重组，首先要对现有企业进行产业导向评价（见图 9－1）。其次，要重点建设镇平县城工业园区和石佛寺镇玉雕特色产业簇群等乡镇民营小区。镇平县城工业园区自 2003 年启动建设以来，每年入驻企业都在 10 家以上，2008 年底有企业 63 家、建设项目 61 个，总投资规模 27.9 亿元，已完成投资 19.6 亿元，已开发建设用地 216 公顷，初步形成水泥建材、机械加工、轻工纺织和医药化工四大产业簇群；2004年园区实现销售收入 2.1 亿元，入库税金 1786 万元，2007 年园区销售收入和入库税金已分别攀升至 10.5 亿元和 7680 万元，年均递增 50% 以上。石佛寺镇玉雕特色产业簇群已初步形成集玉料购销、玉料加工、玉产品购销、玉雕器械加工购销、玉文化研究等集购销、加工、研究、服务于一体的玉雕产业链，目前正在创建以"玉都、水乡、绿城"为目标的特色旅游。玉雕特色产业簇群的形成使石佛寺镇建成区面积快速拓展。

（三）镇平县城镇空间结构发展趋势

1. "廊道效应"进一步强化

镇平县312国道沿线复合通道地带的形成，有力地促进了沿线地区城镇发展。随着宁西高速公路的建成通车（2008年通车）以及宁西铁路西安至合肥段复线工程的开工建设（2009年11月28日开工），复合通道地带生产要素流动集聚能力进一步增强，位于复合通道地带的镇平县城、石佛寺镇、晁陂镇、曲屯镇、遮山镇等城镇将进一步发展，"廊道效应"将进一步强化。

2. 交通节点作用更加突出

随着统筹城乡发展和社会主义新农村建设的进一步推进，镇平县的交通网络逐步形成，基础设施建设进一步完善，交通网络节点在县域城镇空间结构优化过程中的作用进一步增强。处于最高等级节点位置上的镇平县城的核心作用更加突出，处于二级节点位置上的贾宋镇、侯集镇、老庄镇、高丘镇等重要城镇将迎来新一轮的发展机遇。

3. 以镇平县城为副角的南阳都市区雏形显现

为进一步落实以"五个统筹"为主要内容的科学发展观，充分利用"西部开发""中部崛起"等国家战略给南阳带来的发展机遇，南阳市将建成辐射鄂、豫、陕三省交界地区（省际边缘区）的区域性中心城市。目前，以南阳市为主角，以邓州市、镇平县城为副角的南阳"成长三角"已初步形成。今后，镇平县城镇发展必须与南阳市的战略定位进行有效对接，城镇空间结构也应与南阳"成长三角"有机地结合在一起，这样既有利于镇平县城镇的快速成长，也有利于南阳市城市发展战略目标的实现，镇平县城将成为豫西南地区经济社会发展的一个强有力的增长点。

4. 重点小城镇建设日益凸现

镇平县小城镇较多，规模较小，乡镇企业布局分散，不仅难以形成规模效益，降低产品市场竞争力，而且导致"三废"处理设施不配套，环境污染严重等问题。筛选重点小城镇进行重点建设将成为镇平县城镇空间结构优化的重要趋势。

（四）镇平县城镇空间结构优化重组对策

1. 科学规划县域城镇体系

一是科学定位。尽管镇平县城镇在全国城镇体系格局中只是一微小分子，所起作用微不足道，但应积极参与到南阳"成长三角""南襄城市群"的分工中去，与南阳、邓州等城市做好分工，协调好它们之间的关系，摆正镇平县城在南阳"成长三角"以及"南襄城市群"中的位置，营造良好的投资环境，经营管理好城市，逐步提高城镇实力，最终使县城成为镇平县乃至地方经济增长的中心。

二是合理规划。根据镇平县城镇建设现状、边缘区位、交通区位、产业簇群、生态环境等条件以及今后的发展趋势，应重点建设"一心、一带、四点"的城镇空间发展格局。即县城增长核心、312国道沿线（复合通道）城镇带（包括县城、石佛寺镇、晁陂镇、曲屯镇、遮山镇等）以及贾宋镇、侯集镇、老庄镇、高丘镇四个增长点。

2. 积极培育县域增长核心

镇平县自然环境条件较差，北部山区交通不便，南部平原资源贫乏；经济发展水平远低于沿海发达地区；体制改革滞后，在部分干部群众中自然经济和传统观念（"盆地意识"）仍比较严重，固守中庸，随遇而安；等等。因此，在今后的发展中，应赋予镇平县一定的规划决策权，以便于整合县城、石佛寺镇、杨营镇的比较优势，尽快形成增长核心，实现与南阳"成长三角"的有效对接。与此同时，还要筛选晁陂镇、曲屯镇、遮山镇、贾宋镇、侯集镇、老庄镇、高丘镇等重点城镇进行重点建设，充分发挥其边缘区位、交通节点、生态旅游、自然资源等方面的比较优势，使其成为镇平县经济社会环境可持续发展的重要增长极。

3. 尽快形成特色产业簇群

根据镇平县比较优势资源（特色资源）发展壮大玉雕、地毯针织、新型建材、机械加工、医药化工等主导产业，拉长产业链条，围绕特色产业链条使镇平县形成合理的劳动地域分工，避免盲目发展与重复投资，尽快形成特色产业簇群。与此同时，镇平县还要加强信息基础设施建设，利用高新技术改造传统产业，使乡镇企业向县城的工业园区、重点镇的民营小区集中，为镇平县城镇空间结构优化提供产业支撑。

4. 进一步加强生态城镇建设

道萨迪斯（C. A. Doxiadis）在人类聚居学中预测，影响聚居区位的首要因素是自然景观的吸引力，这一现象已被发达国家的城镇化进程所佐证，而发展中国家的疗养中心、休闲度假村建设发展势头很旺也充分证明了这一点。保护生态环境、维持生态平衡、开发可再生资源、发展特色产业、进一步加强生态城镇建设已经成为镇平县城镇发展的必然趋势。

四 商水县城乡空间结构优化尝试

商水县位于河南省周口市西南部，地处东经 114°15′~114°53′、北纬 33°18′~33°45′，下辖 11 个乡、9 个镇、1 个农场和 3 个街道办事处，以及 16 个居委会、569 个行政村。总面积 1270 平方公里，2011 年总人口 121.4 万人，其中农村人口 88.5 万人。

（一）商水县城乡现状特征

一是经济总量小，发展水平低。2011 年，商水县地区生产总值为 116.42 亿元。人均地区生产总值 12682 元、城镇居民人均可支配收入 13898 元、农民人均纯收入 5100 元。三次产业产值分别为 45.53 亿元、40.02 亿元和 30.88 亿元，三次产业结构比例为 39.1:34.4:26.5。与同期的全国平均水平相比仍然存在着很大差距（2011 年全国人均国内生产总值、城镇居民可支配收入、农民人均纯收入以及三次产业结构比分别为 36018 元、21810 元、6977 元、9.5:46.1:44.3）。

二是县城规模小，经济实力弱。商水县城作为整个县的政治、经济、文化、交通中心，经济实力却相对较弱，缺少主导产业支撑。2011 年商水县城仅有 15 万人，只占县域总人口的 12%，建成区面积 16 平方公里，与其经济中心地位不相对应。

三是城镇缺少产业支撑，带动能力弱。商水县各乡镇产业主要是以农产品为基础的初加工工业、农业服务业和集贸商业。除个别乡镇外，多数乡镇缺少特色支柱产业，造成城镇职能类同，降低了城镇经济的整体功能和带动能力。

四是城镇空间分布具有明显的沿边分布特点与交通指向特点。9 个建制镇中的 8 个城镇都沿县境边缘分布，9 个镇都分布在由县城向外围呈放射状的交通线上（见图 10 – 5）。

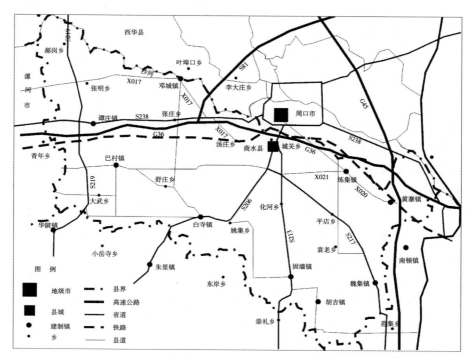

图 10 – 5　商水县城乡空间分布现状

五是村庄分布密度较大，空心村现象普遍，外出务工人员较多。外出务工人员占村庄总人口比重最大的可以达到 40% ~ 50%，最少的也在 10% 以上。

（三）商水县人口与城镇化水平预测

根据商水县经济社会发展条件、资源条件、国内外经济社会发展机遇、河南省与周口市的发展政策以及商水县的发展规划、产业空间布局规划等，采用定量与定性相结合的方法对商水县总人口和城镇化水平进行预测。

1. 人口规模预测

根据回归模型、综合增长率、指数增长模型等方法对商水县人口增长趋势进行预测，预计 2020 年将达到 131 万人，2030 年将达到 145 万人。

2. 城镇化水平预测

采用非农人口回归分析法、联合国法等方法对商水县城镇化水平进行预测，2020 年将达到 43.68%，2030 年将达到 58.15%。

（四）商水县城乡发展潜力综合评价

1. 影响城乡低碳发展的因素

城镇和乡村是一个有机整体，城乡空间布局受城镇发展定位、城镇分布以及城镇、乡村自身的地理区位、交通区位、资源条件、现状规模、经济发展水平、基础设施状况等多种因素影响，但影响程度不尽相同。它们对各城乡影响作用的叠加，共同决定了各城镇和各乡村发展潜力的大小。商水县属黄淮平原地区，各城镇、乡村的自然条件差异不大，影响城乡低碳发展的因素主要包括以下四个方面。

一是经济基础。城镇和乡村的经济发展水平处于商水县中上游，发展潜力较大。城镇、乡村的经济实力较强，农民从事第二、第三产业的比重较高，生活较为富裕。

二是交通区位。具有较好的区位条件的城镇或乡村一般处于几个城镇或几个乡村的几何中心，并与周边城镇、村庄交通联系较为便利。

三是城乡规模。相对于周边城镇或乡村，城镇或乡村规模大，人口较多，则它具有较强的集聚辐射能力。

四是基础设施。交通、通信、供水、教育、卫生等基础设施和服务功能较为完善，有一定数量的社会服务设施，能为周边城镇或乡村提供基本的生产、生活服务（陈丽、花小丽、张小林，2005）。

2. 城镇与乡村发展潜力评价指标体系

根据上述影响城镇、乡村发展潜力的因素分析，我们构建了城镇与乡村发展潜力评价指标体系，并根据专家打分法，提出了相应的参考权重（见表 10－6 和表 10－7）。

表 10－6　城镇发展潜力评估指标体系

第一层次指标	第二层次指标	参考权重
城镇建成区规模	常住总人口	8
	非农业人口	6
	其他常住人口	3
	建成区面积	3

续表

第一层次指标	第二层次指标	参考权重
经济发展水平	GDP	8
	工业总产值	8
	财政收入	4
商贸发展水平	社会商品零售额	5
	集贸市场建设情况	5
生活水平	城镇居民人均收入	4
	城乡居民储蓄余额	2
建成区基础设施水平	建筑总面积	3
	道路铺装面积	2
	自来水普及率	2
	电话普及率	2
交通区域	铁路	4
	公路	8
	水路	4
地理区位	—	6
科教文卫事业发展水平	—	6
旅游资源条件	—	7

表 10 - 7　乡村发展潜力评估指标体系

第一层次指标	第二层次指标	参考权重
村庄规模	总人口	20
	居民点用地	15
基础设施水平	道路硬化情况	10
交通条件	—	20
地理区位	—	10
文教卫设施	学校	7
	文化大院	5
	卫生所	5
其他特色	—	8

3. 综合评价模型

$$U_i = \sum_{m=1 \to n} W_j X_{ij}$$

其中，U_i是i个村镇的综合评价值，数值越大，发展条件越优越；

W_j为第j个因子的权重，W_j数值越大越重要；

X_{ij}为第i个村镇中第j个因子的标准值；

m为因子数；

n为城村数。

4. 评价指标权重

采用德尔菲法确定评价指标的权重，打分采用百分制。我们将各项指标值分为5个等级，分别赋值为5，3，2，1，0。然后对照各城镇、乡村发展潜力评价指标的分值进行综合计算并排序。

5. 计算结果

根据城镇、乡村评价指标体系和各个指标的权重，我们采用德尔菲法聘请相关专家对各指标进行打分，最后利用综合评价模型，计算出各个城镇与乡村的发展潜力分值，并进行相应的排序（见表10-8和表10-9）。

表10-8　商水县域城镇发展潜力一览

城镇名称	计算结果	位序
县城（含城关、汤庄）	100	1
谭庄镇（含农场）	70.5	2
黄寨镇	60.5	3
固墙镇	59	4
邓城镇	57.5	5
白寺镇	56.5	6
魏集镇	53.5	7
巴村镇	46	8
练集镇	43	9
胡吉镇	42	10
化河乡	42	11
姚集乡	38	12
张明乡	36.5	13
郝岗乡	34.5	14
舒庄乡	33	15
张庄乡	32.5	16
袁老乡	32	17

续表

城镇名称	计算结果	位序
平店乡	30.5	18
大武乡	24	19

注：城关、汤庄计入县城，农场场部的人口和建成区面积计入谭庄镇。

表 10 - 9 商水县乡村发展潜力一览

城镇名称	中心村名称
谭庄镇	谭庄、肖谭、张老、马村、三李
黄寨镇	黄寨、刘井、郑埠口、唐店、宋王庄、周腰庄、吕墓坟、王老
邓城镇	邓城、黄翟庄、白蛇岗、杨河、腊梅庄、许村（宋庙）
固墙镇	固墙、毛屯、南赵庄、许楼、关庄、李楼、黄台、智新庄
白寺镇	白寺、保平、天坡、北岳、魏桥
魏集镇	魏集、洪桥、新集、郭屯、党桥、苏童楼
巴村镇	巴南、后党、党寨、大訾家、双楼田、大邵庄、袁吴徐
练集镇	练集、朱集、梁楼、村李
胡吉镇	胡吉、蔡庄集、蒋桥、韩屯、夏阁庄、省庄、北陈庄、张岗
郝岗乡	郝岗、沈庙、高庙常、泂窝、黄坡、北常社店
姚集乡	袁桥、豆庄、周马、陈冢、姚集、豆湾
张明乡	西张明、寺王、龙胜、陆间楼、尚集
舒庄乡	舒庄、扶苏寺、钟镇仓、朱庄、北王张
张庄乡	张庄、李寨、南陵、徐庄、西姜庄、小河湾
化河乡	化河、何楼、宁楼、王教庄、陈李
袁老乡	罗堂、杨寨、樊庄、承屯、二府集
平店乡	平店、东邓店、闻寨、施营、刘雏庄、王坡寨
大武乡	大武、大王、西赵庄、洼刘、程刘、边王、焦寨、后冯楼、唐镇庙、许尧、固现
原汤庄乡	汤庄、吴楼、魏坡、杨尤庄、大赵

（五）商水县城乡体系规划

1. 概念界定

一是村簇理论。为了更好地进行新农村建设，这里首先给出一个农村居民点的新概念——村簇。村簇是由空间上相互临近，社会、经济上存在密切联系的若干村落构成的村庄群。它具有以下特点：空间上簇内自然村相互临近，簇间自然村相对距离较远；交通上簇内自然村交通顺畅，道路网络化，簇间以一些乡、镇或县级交通干线联系；簇内自然村经济社会联系密切，共享教育、商业等社会设施；簇内自然村间具有局部的共同利益（见图10－6）。

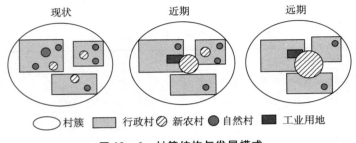

现状　　　　　　近期　　　　　　远期

⬭村簇　▨行政村　⬭新农村　●自然村　■工业用地

图 10－6　村簇结构与发展模式

二是中心镇。中心镇是县域范围内区位较优、实力较强、对周边农村和乡镇具有较大吸引辐射能力、发展前景广阔，并能与省、市、县体系有效衔接的城镇。它既是县域一定片区的中心，也是若干一般小城（集）镇的中心，起着片区首位城镇的作用。

三是中心村。中心村是由若干行政村组成的，具有一定人口规模和较为齐全的公共设施的乡村居民点，对周围村庄起着一定的辐射带动作用。

2. 县城定位

2001年周口市实施周（周口）商（商水）一体化战略，特别是周商大道建成通车，使得周商对接融合进程明显加速。2003年周口市提出并实施"周口—项城—淮阳"大三角经济发展战略以及3－3－3市城镇空间结构发展模式，因过多强调均衡发展，周口市城镇发展无法形成"拳头"，使周口市经济社会发展丧失诸多机遇，最终导致周口市人均各项经济社会指标在河南18个省辖市中的排名不断下降，经济社会效益与实施周商一体化时期差异较大。因此，在今后的周口市城镇空间结构发展演化过程中，首要问题是要实质性地推进周商一体发展，在城市道路网络系统建设、管线工程网络系统铺设、生态功能网络系统对接乃至城市产业发展、功能分区等方面进行实质融合，共同形成周口市中心城市（郭荣朝，2013）。

鉴于上述原因，商水县城的定位一是周口市中心城市的重要组成部分，承担部分市级职能；二是周口市轻工业和商贸基地之一；三是特色商业及商务休闲中心和生态宜居城市；四是商水县政治经济文化交通中心。

3. 城乡体系规划

一是城乡规模等级结构规划。商水县城镇规划等级为：中心城区（县城）→中心镇→一般镇→中心村→特色村（见表 10 – 10）。

表 10 – 10　商水县域城乡体系等级结构规划

等级	等级结构	数量	人口数/万人	城镇名称
一级	中心城区（县城）	1	45	东城街道、老城街道、新城路街道、城关乡、汤庄乡和化河乡、练集镇的部分地区
二级	中心镇	6	2 ~ 7	谭庄镇、黄寨镇、邓城镇、固墙镇、魏集镇、白寺镇
三级	一般镇	12	1 ~ 2	巴村镇、练集镇、胡吉镇、化河乡、郝岗乡、姚集乡、张明乡、舒庄乡、张庄乡、袁老乡、平店乡、大武乡
四级	中心村	100	0.5 ~ 1	略
五级	特色村	6	0.2 ~ 0.3	略

二是城乡职能类型结构规划。商水县城镇职能等级主要分为一级中心、二级中心、三级中心、四级中心 4 个级别。职能类型主要分为综合型、工贸（贸工）型、集贸旅游（旅游集贸）型、旅游型、集贸型 5 种类型（见表 10 – 11）。

表 10 – 11　商水县城乡职能结构规划（2030）

职能等级	数量	城镇名称	职能类型	职能分工
一级中心	1	中心城区（县城）	综合型	周口市农副产品加工、纺织服装制鞋等轻工业中心；特色商贸、物流、房地产、休闲娱乐等服务中心；商水县政治、经济、文化、信息中心
二级中心	6	谭庄镇	综合型	县域副中心；农副产品加工与板材、建材工业基地；镇域政治、经济、文化、商贸中心
		黄寨镇	贸工型	县域东部中心城镇；市场交易中心，农副产品加工、农机配件工业基地；镇域政治、经济、文化、商贸中心
		邓城镇	旅游型	县域西北部中心城镇；文化休闲旅游目的地；镇域政治、经济、文化、商贸中心

续表

职能等级	数量	城镇名称	职能类型	职能分工
二级中心	6	固墙镇	工贸型	县域南部中心城镇；农副产品（畜产品）加工基地；镇域政治、经济、文化、商贸中心
		魏集镇	工贸型	县域东南部中心城镇；有机蔬菜产品加工业基地；镇域政治、经济、文化、商贸中心
		白寺镇	工贸型	县域西南部中心城镇；板材工业基地；旅游目的地；镇域政治、经济、文化、商贸中心
三级中心	12	巴村镇	工贸型	镇域政治、经济、文化、商贸中心；门业、木业、板材加工基地
		练集镇	集贸旅游型	镇域政治、经济、文化、商贸中心；乡村采摘休闲旅游目的地
		胡吉镇	工贸型	文印产业基地；地镇域政治、经济、文化、商贸中心
		郝岗乡	旅游集贸型	文化旅游、乡村旅游目的；地镇域政治、经济、文化、商贸中心
		化河乡	集贸型	镇域政治、经济、文化、商贸中心
		姚集乡	集贸旅游型	镇域政治、经济、文化、商贸中心；乡村采摘休闲旅游目的地
		张明乡	集贸旅游型	镇域政治、经济、文化、商贸中心；文化旅游、乡村旅游目的地
		舒庄乡	集贸旅游型	镇域政治、经济、文化、商贸中心；文化旅游、乡村旅游目的地
		张庄乡	集贸型	镇域政治、经济、文化、商贸中心
		袁老乡	工贸型	镇域政治、经济、文化、商贸中心；农副产品加工、纺织、制鞋工业基地
		平店乡	集贸型	镇域政治、经济、文化、商贸中心
		大武乡	集贸型	镇域政治、经济、文化、商贸中心
四级中心	102	略		农资、技术、信息等服务中心，辐射周边乡村

　　三是城乡空间布局结构规划。"一心六点两带"的城镇空间发展格局。"一心"即中心城区。商水县中心城区位于沙颍河、南洛高速、漯阜铁路、S238等东西向复合通道与商周高速、S206、S213、S102等南北向复合通道的节点位置，是人流、物流、资金流、信息流、生态流等各种"流"的汇聚地，基础设施较为完善，具有较好的经济社会发展基础。生产要素向中心城区集聚，促进城市框架不断拉大，尤其是周商对接、周商融合、周商一体化的快速推进，使商水县城成为周口市中心城区的重要组成部

分，这将进一步增强中心城区（县城）在商水县乃至周口市发展过程中的核心作用。"六点"包括谭庄镇、黄寨镇、邓城镇、固墙镇、白寺镇、魏集镇六个县域中心镇经济增长点。"两带"，一是连接谭庄镇、张庄乡、中心城区、练集镇和黄寨镇的 S238 - X017 - X021 - X020 公路与漯阜铁路、南洛高速构成的复合轴带，这是商水县城镇空间布局的主轴带；二是连接郝岗乡、张明乡、谭庄镇、巴村镇、舒庄乡、白寺镇、姚集乡、固墙镇、胡吉镇、魏集镇的 S219 - 谭庄镇至白寺镇县道 - S206 - X026组成的发展轴带，这是商水县城镇空间布局的次轴带（见图 10 - 7）。

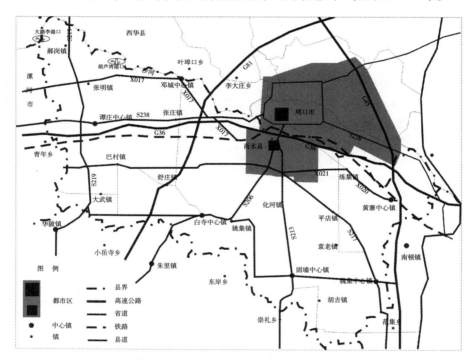

图 10 - 7　商水县城乡空间结构优化示意

四是新农村布局规划。由于商水县各个新农村所处区位、经济发展水平、自身条件、特色产业支撑等方面的差异，其人口规模也具有一定差异。例如，历史文化遗产以及非物质文化遗产等文化底蕴深厚、文化积淀丰富的村庄都应该予以保留，形成特色型新农村，其规模相对较小，多在0.2 万~0.3 万人；城郊型中心村，距离中心城镇较近，区位条件较好，经济社会发展水平较高，人口集聚程度自然要高，人口规模相对较大，多在0.8 万~1.0 万人；中心村由于距离中心城镇较远，区位条件较差，特色产业仍在培育过程中，为保持农业的适度规模经营与精耕细作，其人口规模不宜太小也不宜过大，一般应保持在 0.5 万 ~ 0.8 万人，以满足公共服务设施建设的规模效应。

根据乡村发展潜力评价结果以及乡村的历史文化特色，我们商水县乡村空间结构进行优化，即新农村布点规划（见表 10 – 12）。

表 10 – 12　商水县新农村布点一览表

城镇名称	中心村	城郊型中心村	特色村	数量
谭庄镇	三李、肖谭、张老、马村			4
黄寨镇	刘井、郑埠口、唐店、周腰庄、宋王庄、小集、王老		吕墓坟	8
邓城镇	白蛇岗、黄翟庄、杨河、西营子、陈门台、潘堂		许村（宋庙）	7
固墙镇	毛屯、南赵庄、许楼、关庄、李楼、黄台、智新庄			7
魏集镇	保平、保平、天坡、北岳、魏桥			5
白寺镇	洪桥、新集、郭屯、党桥、苏童楼			5
巴村镇	后党、党寨、大訾家、双楼田、大邵庄、袁吴徐、贾庄			7
胡吉镇	蔡庄集、蒋桥、韩屯、夏阎庄、省庄、北陈庄、张岗			7
郝岗镇	沈庙、高庙常、东洄窝、黄坡		北常社店	5
姚集镇	袁桥、豆庄、周马、陈冢、豆湾、王场			6
张明镇	寺王、陆间楼、尚集		龙胜	4
舒庄镇	钟镇仓、朱庄、北王张		扶苏寺	4
张庄镇	李寨、南陵、徐庄、西姜庄、小河湾			5
袁老镇	罗堂、杨寨、樊庄、承屯、二府集			5
平店镇	东邓店、闻寨、施营、刘雏庄、王坡寨			5
大武镇	大王、西赵庄、洼刘、程刘、边王、焦寨、后冯楼、唐镇庙、许尧		固现	10
化河镇		何楼、宁楼、王教庄、陈李		4
练集镇		朱集、梁楼、村李、刘楼		4

镇名称	中心村	城郊型中心村	特色村	数量
原汤庄乡		吴楼、魏坡、杨尤庄、大赵		4
合计	88	12	6	106

（六）商水县城乡建设时序安排

在经济发展水平较低和城镇化加速推进阶段，"增长极"理论、"点—轴"理论在区域发展过程中起着重要的指导作用，即中心带动战略。因此，商水县城、中心镇、中心村的发展实际上就是优化整合商水县空间资源的过程，具有阶段性目标。

在外部环境条件变化不大的情况下，商水县城镇发展的主要任务是提升中心城区（商水县城）地位，形成强有力的中心城市，带动县域其他地区发展。对中心村建设条件成熟的农村地区，进行先行先试。

1. 商水县城发展

周口影区和城市化滞后是制约商水城市发展的主要因素。纵观商水改革开放以来的经济发展过程，可以明显看到，商水县的工业化、城市化推进过程受周口市影响明显，最终导致商水工业发展成为短板，城市化明显滞后，并形成不正常的循环怪圈。生产方面，企业布局分散，各自为战；社会服务体系欠完善，信息不灵通，技术进步缓慢；基础设施得不到充分利用或缺乏应有的配套。消费方面，城市化滞后、城市人气不足导致消费水平低，消费设施条件缺乏，进一步抑制了消费层次升级和消费范围扩大，阻碍了新一轮消费热点形成，继而影响经济社会的可持续发展。城市竞争力方面，郑州市、武汉市、合肥市等特大城市仍处于进一步集聚阶段，周口中心城市发展没有与商水县城进行有效融合，而是处于一种竞争状态，不仅影响了周口中心城市的发展壮大，也给商水城市发展产生严重影响。商水交通区位优势明显，经济社会发展水平相对较高，具备进一步发展的充分条件。但目前商水县城用地和人口规模较小，经济实力有限，无法实现生产要素（人口、工业、服务业、资金等）由周边区域向县城持续有效流动，更谈不上对周边地区的辐射带动作用。交通区位优势没有及时转化为竞争优势。因此，商水发展必须与周口中心城市的基础设施规划建设、产业发展、功能衔接等方面进行有效对接，这样既可以推动商水县城的快速发展，也可以促进周口中心城市进一步发展壮大，创造周口与商水的双赢局面。

2. 其他城镇发展

除商水县城（城关乡、汤庄乡）以外，商水还有9个建制镇、10个乡（城关乡已合并入县城）和1个农场。近期，应选择区位条件较好、发展潜力大、区域带动能力强的镇作为县域中心镇进行重点建设。县域中心镇建设应突出地方特色，与县城乃至周口市进行差异化发展。

3. 新农村建设

新农村建设是商水县实施城乡统筹发展战略的重要内容，是商水县城乡统筹发展的结合点，也是商水县推进城乡一体化的切入点、促进农村经济社会发展的增长点。农村人均土地资源较少、农村土地流转较好、经济社会发展水平较高的地区，可以在新农村建设方面先行先试，以便于积累经验，逐步推广。新农村建设试点可采取先建后拆、拆旧建新、边拆边建等方法进行，建设模式可采用村组领导小组牵头组织建设、开发商承包建设（限制购买对象）和乡镇政府职能部门主导建设等形式。

（七）商水县域城乡建设指引

1. 城镇建设指引

（1）重点发展区域

中心城区应作为近期优先发展的地区。谭庄镇、黄寨镇、邓城镇、固墙镇、魏集镇、白寺镇6个中心镇应作为中远期重点区域。

（2）城镇建设规划

中心城区，一级中心，城镇发展的主中心区。次中心区包括谭庄镇、黄寨镇、邓城镇、固墙镇、魏集镇、白寺镇6个二级中心。今后要进一步强化中心城市（镇）职能建设，尤其是其承担的周口市中心城市的部分职能建设；围绕中心职能完善相关设施，包括城市基础设施、服务设施和环卫绿化设施，提升中心城市（镇）聚合力（见表10-13）。

表 10-13　中心城镇建设指引

单位：公顷

城镇名称	综合发展方向	主要空间发展方向	2020年用地规模	2030年用地规模
中心城区（县城）	周口市级轻工业基地、高品位商务休闲中心，县域政治、经济、文化、商贸中心	向东、向西、向北发展	3500	5000

续表

城镇名称	综合发展方向	主要空间发展方向	2020年用地规模	2030年用地规模
谭庄镇	县域二级中心，西部地区经济中心、商品集散地	向西、向南、向北发展	119.70	850
黄寨镇	县域二级中心，东部地区经济中心、商品集散地	向北、向南发展	87.07	320
邓城镇	县域二级中心，西北部地区旅游中心、商品集散地	向南发展	74.99	430
固墙镇	县域二级中心，南部地区经济中心、商品集散地	向北发展	101.49	680
魏集镇	县域二级中心，东南部地区经济中心、商品集散地	向南、向北、向东发展	59.11	320
白寺镇	县域二级中心，西南部地区经济中心、商品集散地	向北、向东发展	71.52	300

一般镇，除中心镇以外的其他镇，主要包括巴村镇、练集镇、胡吉镇、化河镇、郝岗镇、姚集镇、张明镇、舒庄镇、张庄镇、袁老镇、平店镇、大武镇。要增强三级中心职能，着重强化道路和教育、医疗、卫生设施建设，增强其服务能力，充分发挥其在城乡之间的桥梁纽带作用（见表10-14）。

表 10-14 一般镇建设指引

单位：公顷

城镇名称	综合发展方向	主要空间发展方向	2020年用地规模	2030年用地规模
巴村	县域三级中心，门业、木业、板材加工基地	向东、向西发展	43.06	220
练集	县域三级中心，乡村采摘休闲旅游目的地	向西、向东发展	76.20	200
胡吉	县域三级中心，文印产业基地	向东、向西、向南发展	68.14	260
郝岗	县域三级中心，文化旅游、乡村旅游目的地	向东、向南发展	85.00	160
姚集	县域三级中心，板材工业基地	向北、向西、向东发展	150.00	160
化河	县域三级中心	向东北发展	70.00	120

城镇名称	综合发展方向	主要空间发展方向	2020 年用地规模	2030 年用地规模
张明	县域四级中心，文化旅游、乡村旅游目的地	向西发展	84.08	190
舒庄	县域三级中心，文化旅游、乡村旅游目的地	向北、向东发展	170.00	190
张庄	县域三级中心	向南发展	130.00	160
袁老	县域三级中心，农副产品加工、纺织、制鞋工业基地	向东、向南发展	130.00	160
平店	县域三级中心	向东发展	140.00	160
大武	县域三级中心	向西发展	130.00	150

（3）城镇建设标准

一是用地标准。城镇建设用地规模要与其人口规模相一致，县城人均用地控制在 100～110 平方米。镇的人均用地因各城镇不同差异较大，有的大于 140 平方米，应控制在 140 平方米以内；有的 120～140 平方米，总体上应适当控制。总的原则是盘活城镇存量土地资产，清理闲置土地，集约使用土地；整合城镇周边村庄用地，不用或少占耕地，提高土地利用效率。

二是基础设施配置标准。2015 年，中心城区（县城）道路硬化率已达到 95%，人均道路面积在 18 平方米以上；中心镇的人均道路面积争取达到 8 平方米；中心城区（县城）人均公共停车场面积争取达到 0.5 平方米。交通干线上的建制镇基本实现场路分开。2030 年，中心城区（县城）的人均道路面积达到 19 平方米，中心镇在 10 平方米以上，一般镇达到 8 平方米；中心城区（县城）的人均公共停车场面积应达到 0.6 平方米，中心镇达到 0.5 平方米，一般镇应配套相应公共停车场设施。2015 年，中心城区（县城）自来水普及率已达到 80%，基本完成供水管网改造。中心镇自来水普及率应在 60% 以上，一般镇有比较可靠、系统、安全的供水设施。2030 年，城镇自来水普及率基本达到 100%，城镇供水安全可靠性进一步增强。开源节流并重，发展节水企业和鼓励中水利用。加强城镇供水安全保障系统建设，大力提高水质标准和水量保障，确保供水安全可靠。2015 年，中心城区（县城）燃气气化率已达到 65%。中心镇和一般镇应加快推广使用太阳能、管道燃气、瓶装液化气、沼气以及其他清洁能源，提高城镇燃气的普及率。2030 年，中心城区（县城）燃气气化率达到

90%，中心镇在 80% 以上，一般镇在 50% 左右。

2. 新农村建设指引

（1）建设模式

综合各地新农村建设经验和建设资金来源，可以概括为以下 4 种建设模式，以供建设选择。一是市场运作模式。新农村建设的资金主要通过市场运作筹措。即充分利用市场运作机制，综合利用土地、信贷和规费减免等优惠政策，吸引房地产开发、工程设计、土建施工及其他企事业单位参与到新农村建设过程中。二是政府主导模式。对于县、乡财政基础较好或村集体经济实力较强的地方，可以充分发挥地方政府的主导作用，通过BT、BOT 等模式有序开发建设新农村。三是企业参与模式。采用这种模式，需要积极动员有实力、有需求、有辐射带动能力的龙头企业参与到新农村建设中，把解决新农村产业发展、群众就业和企业用地等需求紧密结合起来，实现企业与新农村融合发展、互利共赢。四是自筹自建模式。对于位置比较偏远但地方政府有一定财力的地方，可采取规划一步到位、群众自筹自建的模式，逐步予以推进。

（2）先行先试地区

商水县东部的黄寨镇、练集镇、魏集镇等乡镇人均耕地较少、土地流转效果较好、劳务经济发展势头迅猛、农村居民家庭已具有一定的经济基础，这些乡镇应在新农村科学合理布点的基础上先行先试，以便于积累经验逐步推广，并引导其他乡镇乃至其他县市进行新农村建设，推进新型农业现代化、新型工业化和新型城镇化协调发展（见表 10 - 15）。

表 10 - 15　新农村先行先试指引

城镇名称	新农村名称	数量
黄寨镇	刘井、郑埠口、唐店、周腰庄、宋王庄、吕墓坟、王老	7
固墙镇	毛屯、南赵庄、智王、关庄、李楼、黄台、智新庄	7
魏集镇	洪桥、新集、郭屯、党桥、赵湾集	5
练集镇	朱集、梁楼、村李	3
平店乡	邓店、闻寨、施营、刘雒庄、王坡寨	5

（3）用地标准

因商水县各城镇的具体情况差异，新农村人口规模为 0.2 万 ~ 1 万人。魏集镇、固墙镇、邓城镇、化河乡因人均耕地不足 1 亩，新农村建设人均用地面积标准为 70～85 平方米。其余城镇人均耕地大于 1 亩，新农村建设人均用地面积标准为 85～100 平方米（见表 10－16）。

表 10－16　新农村建设用地标准

单位：%，平方米

用地类别	占建设用地比例	人均建设用地指标	
		魏集镇、固墙镇、邓城镇、化河乡	其他镇
住宅用地	55～75	45～70	50～75
公共设施用地	8～15	6～15	6.5～16
道路广场用地	10～15	7～15	9～16
绿化用地	5～8	4～8	5～8
建设总用地	100	75～85	85～100

（4）建设标准

在新农村布局规划指导下，进一步完善规划范围内村庄迁并整合工作，进一步完善规划范围内基础设施专项规划。新农村空间发展规划应对规划范围内的各项用地做出具体安排，具体要符合以下要求：一是要与产业发展、产业布局相衔接，用地布局合理，功能分区明确，设施配套齐全，环境清新优美，充分体现乡风民情和时代特征；二是要集中紧凑，避免乡村的无序扩张，全面综合安排新农村建设的各项用地；三是新农村建设用地标准应符合表 10－16 的规定，各项建设用地取值相加不应超过建设用地上限。

（八）商水县城乡用地整合

1. 城乡建设用地现状

商水县城乡建设用地现状汇总（见表 10－17）。

表 10－17　商水县城乡用地明细

单位：公顷

序号	城镇名称	建设用地			
		合计	城市	建制乡镇	农村居民点
1	中心城区（县城）	1600.00	1600		
2	谭庄镇	1273.42		280	993.42
3	黄寨镇	1084.63		162	922.63
4	练集镇	886.86		153	733.86

续表

序号	城镇名称	建设用地			
		合计	城市	建制乡镇	农村居民点
5	魏集镇	859.28		134	725.28
6	固墙镇	1589.85		650	939.85
7	白寺镇	777.42		111	666.42
8	巴村镇	871.49		210	661.49
9	邓城镇	1224.10		400	824.10
10	胡吉镇	780.46		200	580.46
11	城关乡	892.02		511	381.02
12	平店乡	919.07		129	790.07
13	袁老乡	799.96		102	697.96
14	化河乡	603.79		54	549.79
15	姚集乡	1027.41		127	900.41
16	舒庄乡	771.35		150	621.35
17	大武乡	803.73		110	693.73
18	张明乡	843.32		151	692.32
19	郝岗乡	672.03		78	594.03
20	张庄乡	1008.01		126	882.01
21	汤庄乡	771.05		76	695.05
22	农场总部	75.00		75	
合计		19623.25	1600（应减511）	3989	14545.25

注：①资料来源于商水县各乡镇提供数据、国土局土地详查数据。②中心城区建设用地面积含城关乡建设用地（511公顷）。

2. 城乡规划建设用地

根据城镇发展规划指引和城镇建设标准，至 2030 年商水县新增城镇建设用地为 49.22 平方公里。其中，中心城区（县城）新增建设用地 32.74 平方公里，谭庄镇新增建设用地 5.15 平方公里，其他中心镇、一般镇、新农村新增建设用地共计 11.33 平方公里（见表 10 – 18）。

表 10 – 18　商水县城镇建设用地规划一览表（2030）

单位：平方公里

序号	城镇名称	现状建设用地面积	规划建设用地面积	新增建设用地面积
1	中心城区（县城）	16.00 + 0.76	49.5	32.74
2	谭庄镇	3.55	8.5	5.15

续表

序号	城镇名称	现状建设用地面积	规划建设用地面积	新增建设用地面积
3	黄寨镇	1.62	3.2	1.58
4	邓城镇	4.00	4.3	0.30
5	固墙镇	6.50	6.8	0.30
6	魏集镇	1.34	3.2	1.86
7	白寺镇	1.11	3.0	1.89
8	巴村	2.10	2.2	0.10
9	练集	1.53	2.0	0.47
10	胡吉	2.00	2.6	0.60
11	郝岗	0.78	1.6	0.82
12	化河	0.54	1.2	0.66
13	姚集	1.27	1.6	0.33
14	张明	1.51	1.9	0.39
15	舒庄	1.50	1.9	0.40
16	张庄	1.26	1.6	0.34
17	袁老	1.02	1.6	0.58
18	平店	1.29	1.6	0.31
19	大武	1.10	1.5	0.40
合计		50.78	99.8	49.22

根据新农村建设用地标准和规划期内新农村人口规划建设用地标准，各中心镇、一般镇、新农村人口总数和规划用地面积见表10-18、表10-19，农村居民点建设用地整治情况见表10-20。

表10-19　商水县新农村规划建设用地（2030）

单位：公顷，万人

序号	城镇名称	村庄现状建设用地面积	规划新农村用地面积	规划新农村人口
1	谭庄镇	993.42	309	3.86
2	黄寨镇	922.63	276	3.45
3	邓城镇	824.1	302	4.31
4	固墙镇	939.85	376	5.37
5	魏集镇	725.28	265	3.78

续表

序号	城镇名称	村庄现状建设用地面积	规划新农村用地面积	规划新农村人口
6	白寺镇	666.42	247	3.08
7	巴村	661.49	203	2.54
8	练集	733.86	236	2.95
9	胡吉	580.46	250	3.12
10	郝岗	594.03	265	3.31
11	化河	549.79	162	2.32
12	姚集	900.41	368	4.60
13	张明	692.32	275	3.44
14	舒庄	621.35	187	2.33
15	张庄	882.01	261	3.26
16	袁老	697.96	228	2.85
17	平店	790.07	263	3.28
18	大武	693.73	261	3.26
合计		13469.18	4734	61.11

注：根据河南省社会主义新农村规划建设标准，规划期末魏集镇、固墙镇、邓城镇、化河乡新农村建设用地以人均70平方米计，其余城镇新农村建设用地以人均80平方米计。新农村人口按现有总人口减去现状建成区人口乘以72%。

表 10-20 商水县土地整理情况一览表

单位：平方公里

序号	城镇名称	村庄现状建设用地面积	新农村规划建设用地面积	用地增减量（负为减少）
1	谭庄镇	9.94	3.09	-6.85
2	黄寨镇	9.23	2.76	-6.47
3	邓城镇	8.24	3.02	-5.22
4	固墙镇	9.40	3.76	-5.64
5	魏集镇	7.25	2.65	-4.6
6	白寺镇	6.66	2.47	-4.19
7	巴村	6.62	2.03	-4.59
8	练集	7.34	2.36	-4.98
9	胡吉	5.81	2.50	-3.31
10	郝岗	5.94	2.65	-3.29

续表

序号	城镇名称	村庄现状建设 用地面积	新农村规划建设 用地面积	用地增减量 （负为减少）
11	化河	5.50	1.62	− 3.88
12	姚集	9.00	3.68	− 5.32
13	张明	6.92	2.75	− 4.17
14	舒庄	6.21	1.87	− 4.34
15	张庄	8.82	2.61	− 6.21
16	袁老	6.98	2.28	− 4.7
17	平店	7.90	2.63	− 5.27
18	大武	6.94	2.61	− 4.33
19	原汤庄乡			− 6.95
20	原城关乡			− 3.81
合计		134.70	47.34	− 98.12

3. 城乡土地占补平衡

基于河南省的社会主义新农村建设标准要求，对商水县村镇耕地和建设用地进行增减核算。农村人口在减少，新农村建设用地也相应减少，根据国家政策，减少的土地宜耕则耕、宜林则林、宜草则草。商水县地势平坦，村庄整治后几乎全部可以整理成耕地。村庄整治后，多余的用地得以复耕后，成为新增耕地，同时，新农村、中心镇以及中心城区（县城）的扩展，将占用一定的耕地为新增建设用地。土地占用平衡就是要计算新增建设用地与新增耕地之间的差值。商水县城乡土地占用平衡见表10-21。

表 10 - 21　商水县域城乡土地占补平衡（2030）

单位：平方公里

镇域名称	城镇建设 用地增量	80%复耕率村庄 建设用地增量	100%复耕率村庄 建设用地增量	80%复耕率 增减平衡	100%复耕率 增减平衡
中心城区 （县城）	32.74	− 8.608	− 10.76	24.132	21.98
谭庄镇	5.15	− 5.480	− 6.85	− 0.330	− 1.70
黄寨镇	1.58	− 5.176	− 6.47	− 3.596	− 4.89
邓城镇	0.30	− 4.176	− 5.22	− 3.876	− 4.92
固墙镇	0.30	− 4.512	− 5.64	− 4.212	− 5.34

续表

镇域名称	城镇建设用地增量	80%复耕率村庄建设用地增量	100%复耕率村庄建设用地增量	80%复耕率增减平衡	100%复耕率增减平衡
魏集镇	1.86	-3.680	-4.60	-1.820	-2.74
白寺镇	1.89	-3.352	-4.19	-1.462	-2.30
巴村镇	0.10	-3.672	-4.59	-3.572	-4.49
练集镇	0.47	-3.984	-4.98	-3.514	-4.51
胡吉镇	0.60	-2.648	-3.31	-2.048	-2.71
郝岗乡	0.82	-2.632	-3.29	-1.812	-2.47
化河乡	0.66	-3.104	-3.88	-2.444	-3.22
姚集乡	0.33	-4.256	-5.32	-3.926	-4.99
张明乡	0.39	-3.336	-4.17	-2.946	-3.78
舒庄乡	0.40	-3.472	-4.34	-3.072	-3.94
张庄乡	0.34	-4.968	-6.21	-4.628	-5.87
袁老乡	0.58	-3.760	-4.70	-3.180	-4.12
平店乡	0.31	-4.216	-5.27	-3.906	-4.96
大武乡	0.40	-3.464	-4.33	-3.064	-3.93
合计	49.22	-78.496	-98.12	-29.276	-48.90

表 10-21 的数据说明，如果规划期末村庄整治进行完毕，新农村建设用地按河南省社会主义新农村建设用地标准执行，村庄土地整理后原土地80%复耕，乡村建设用地整体上要减少 78.496 平方公里，城乡建设用地增加与减少相抵后还要整理出 29.276 平方公里的耕地；如果村庄整治后100%复耕，则乡村建设用地将减少 98.12 平方公里，城乡建设用地增加与减少相抵后还要整理出 48.9 平方公里的土地，说明农业用地以及交通、工矿、风景区等建设用地将会有一定程度的增加。

（九）商水县城乡空间结构优化对策

1. 积极推进城乡统筹发展

整合县域城乡资源要素，统筹城乡发展，有序推进新农村建设。深化户籍制度改革，建立城乡一体化的劳动就业体系。构建有利于县域农村经济社会发展的公共财政体制。

2. 量力而行迁并村庄

重点建设中心村。村庄建设的中心任务是改善基础设施、公共环境，发展村级公共事业，改善人居环境。应区分轻重缓急，突出建设重点，从农民最关心、最容易见效的事情抓起，要注重实效，不搞形式主义。尊重客观规律，从现有经济基础出发，明确阶段性目标，量力而行，典型示范，循序渐进，先易后难，逐步升级，稳步推进。

3. 加大村庄整治力度

加强村庄规划建设和管理，有序推进"万村整治、千村提升"工程。按照土地集约、人口集聚、产业集群的要求进行村庄整治规划，即新农村布点规划。

4. 强化基础设施建设

县域基础设施建设必须坚持从实际出发，实行因地制宜、分类指导。着力加强农民最急需的生活基础设施建设。促进城乡基础设施的共享共建，加快推进城乡基础设施一体化进程。

5. 引导人口向城镇集中

城乡统筹发展要以吸纳农村富余劳动力为前提。目前县域范围内还存在大量农村剩余劳动力，必须稳步有序地推进农业转移人口市民化。没有就业的城镇化是不完全的城镇化，要高度重视农民的就业问题。大力引进项目和企业，为农业转移人口提供就业培训，提高进城农民就业能力，提供就业岗位。

五　徐闻县低碳生态发展模式

徐闻县位于我国大陆的最南端，地处东经 109°52′~110°35′、北纬 20°13′~20°43′，东、东北临南海，西濒北部湾，南隔琼州海峡，与海南岛（省）相望，北接雷州市，土地面积 1979.6 平方公里。兰海高速公路（G75、湛江至徐闻高速公路）和 207 国道纵贯全境；开往海南的火车经徐闻以轮渡方式跨越琼州海峡，徐闻到海口可以从海安港和粤海铁路火车轮渡码头（国内唯一的轮渡码头）前往；南邻海口国际机场，北依湛江国际机场，海陆空交通较为便利。热带季风气候，一年四季高温多雨，年均气温 23.3℃，年均降水量 1364 毫米。地势自北向东、西、南三面倾斜，多平坦连片；长达 400 公里的海岸线上，有众多的海埠、港湾和岛屿，还有肥沃的淤泥湿地。海洋资源、生物资源、旅游资源极为丰富。2005 年荣获"中国菠萝产业龙头县""中国冬季蔬菜龙头县"称号，2007 年荣获"中

国香蕉第一县"称号，2008 年荣获"中国果菜无公害十强县"称号，2009
年荣获"全国绿色食品原料（菠萝）标准化生产基地"称号，2010 年荣
获"全国农技推广示范县"和"全省现代农业科技示范县"等荣誉称号。

（一）徐闻县经济发展现状

2013 年徐闻县实现地区生产总值 131.46 亿元。其中，第一产业增加
值 64.87 亿元，第二产业增加值 16.42 亿元，第三产业增加值 50.17 亿元，
人均国内生产总值 18458 元，公共财政预算收入 3.9 亿元，三次产业结构
比为 49.35:13.45:37.20。

1. 生产总值得到较快增长

2007～2013 年，徐闻县地区生产总值由 53.68 亿元增加到 131.46 亿
元，年均增速为 16.10%。其中，第一产业增加值由 25.18 亿元增加到
64.87 亿元，年均增速为 17.08%；第二产业增加值由 8.13 亿元增加到
16.42 亿元，年均增速为 12.43%；第三产业增加值由 20.37 亿元增加到
50.17 亿元，年均增速为 16.21%（见表 10－22）。

表 10－22　2007～2013 年徐闻县经济发展情况一览

年份	地区生产总值/亿元	第一产业增加值/亿元	第二产业增加值/亿元	第三产业增加值/亿元	三次产业比例	人均 GDP/元
2007	53.68	25.18	8.13	20.37	46.9:15.2:37.9	8741
2008	62.97	32.37	7.27	23.33	51.4:11.5:37.1	9065
2009	65.06	32.27	7.66	25.13	49.6:11.8:38.6	9240
2010	77.73	39.02	10.14	28.57	50.2:13.0:36.8	10712
2011	98.14	48.80	13.34	36.00	49.7:13.6:36.7	13973
2012	118.78	58.68	16.18	43.92	49.4:13.6:37.0	16784
2013	131.46	64.87	16.42	50.17	49.3:12.5:38.2	18458

资料来源：湛江市统计局：《湛江市经济统计年鉴》（2008～2014）。

2. 农业机械化程度进一步提高，农业生产条件得到较大改善

2001～2013 年，徐闻县农业机械化水平不断提高，农业机械总动力由
2001 年的 344876 千瓦增加到 2013 年的 1127967 千瓦，年均增速达
10.38%；有效灌溉面积由 2001 年的 204205 亩增加到 2013 年的 330607 亩，
年均增速为 4.01%；农村用电量由 2001 年的 964 万千瓦时增加到 2013 年的

8186 万千瓦时，年均增速达 19.51%（见表 10 - 23）。

表 10 - 23　2007～2013 年徐闻县农业机械、水利和农村用电情况一览

年份	农业机械总动力/千瓦	有效灌溉面积/亩	农村用电量/万千瓦时
2001	344867	204205	964
2002	351396	207013	1061
2003	383711	200119	1106
2004	396683	208971	1202
2005	424154	222279	1431
2006	434403	229578	1533
2007	490398	248786	1817
2008	862663	234523	6871
2009	991008	225788	6834
2010	1068880	185727	6814
2011	1117573	263150	7467
2012	1103852	310984	7627
2013	1127976	330607	8186

资料来源：湛江市统计局：《湛江市经济统计年鉴》（2002～2014）。

3. 农药化肥使用量有一定程度增加，第一产业单位增加值的农药化肥使用量有较大幅度下降

2001～2013 年，徐闻县农药、氮肥、磷肥、钾肥和复合肥的使用量由 1760 吨、25664 吨、11551 吨、14489 吨和 12124 吨增加到 1959 吨、37556 吨、13570 吨、28813 吨和 17596 吨，年均增速分别为 0.89%、3.22%、1.35%、5.90% 和 3.15%。2007～2013 年，徐闻县每亿元农业增加值所需要的农药、氮肥、磷肥、钾肥和复合肥使用量由 60.72 吨、1302.94 吨、479.98 吨、876.01 吨和 875.46 吨下降到 31.66 吨、607.01 吨、219.33 吨、465.7 吨和 284.4 吨（见表 10 - 22 和表 10 - 24）。

表 10 - 24　2001～2013 年徐闻县农药化肥使用情况一览

单位：吨

年份	农药使用量	氮肥使用折纯量	磷肥使用折纯量	钾肥使用折纯量	复合肥使用折纯量
2001	1760	25664	11551	14489	12124
2002	1884	21633	14306	15375	14088

续表

年份	农药使用量	氮肥使用折纯量	磷肥使用折纯量	钾肥使用折纯量	复合肥使用折纯量
2003	1820	25908	9569	15759	16195
2004	1529	24539	9260	17527	14673
2005	1492	24740	10491	20352	18241
2006	1542	30302	12069	21941	19624
2007	1529	32808	12086	22058	22044
2008	1810	31258	12484	24398	15265
2009	1837	31060	13661	25456	17617
2010	1930	31446	13461	27989	15230
2011	1978	34352	13218	30313	20104
2012	2101	46245	11873	29476	18387
2013	1959	37556	13570	28813	17596

资料来源：湛江市统计局：《湛江市经济统计年鉴》（2002~2014）。

4. 以轻工业为主、股份制企业占主导地位的工业结构

2007~2012 年，徐闻县规模以上工业增加值轻重工业构成比由 85.71:14.29 演变为 80.75:19.25，轻工业增加值所占比重虽然有所下降，但仍占主导地位。其中，股份制企业、国有及国有控股企业、外商及港澳台商投资企业增加值所占比例由 33.06%、49.17% 和 29.57% 演变为 46.63%、55.38% 和 19.5%，股份制企业、国有及国有控股企业占据主导地位（见表 10 – 25）。

表 10 – 25　2007~2012 年徐闻县规模以上工业构成情况一览表

单位：亿元

年份	规模以上工业增加值	轻工业增加值	重工业增加值	国有及国有控股企业增加值	股份制企业增加值	外商及港澳台商投资企业增加值
2007	6.02	5.16	0.86	1.99	2.96	1.78
2008	4.42	3.85	0.56	1.00	2.23	1.11
2009	4.36	3.58	0.78	1.52	1.71	1.13
2010	6.43	5.21	1.22	1.73	2.79	1.88
2011	7.85	6.55	1.30	1.73	4.38	1.75
2012	8.00	6.46	1.54	3.73	4.43	1.56

资料来源：湛江市统计局：《湛江市经济统计年鉴》（2008~2013）。

5. 旅游产业得到较快发展

2007～2013 年，徐闻县旅游业得到快速发展，旅游总收入由 0.92 亿元增加到 3.35 亿元，年均增速达到 24.04%；旅游收入占国内生产总值的比重由 1.71% 增加到 2.55%；接待游客由 33 万人次增加到 134 万人次，年均增速为 26.31%（见表 10－26）。

表 10－26　2007～2013 年徐闻县旅游业发展情况一览表

年份	2007	2008	2009	2010	2011	2012	2013
接待游客（万人次）	33.0	36.3	39.0	41.0	80.0	103.0	134.0
总收入（亿元）	0.92	1.03	1.10	1.80	2.30	2.70	3.35

资料来源：湛江市统计局；《湛江市经济统计年鉴》（2008～2014）。

（二）徐闻县经济发展中存在的问题

1. 产业结构调整缓慢

一是以第一、第三产业为主的产业结构。2007～2013 年，徐闻县产业结构变化不大。2007 年第一、第二产业增加值占其地区生产总值的比例为 84.9%，至 2013 年增加为 87.5%，主要是第三产业增加 2.5 个百分点，第一产业仅增加 0.2 个百分点（见表 10－22）。

二是水果、蔗糖、水产品得到较快增长，粮食生产有一定程度下降。2000～2013 年，徐闻县农林牧渔产值得到较快增长，由 2000 年的 248438 万元增加到 2013 年的 929958 万元，年均增速为 10.69%。其中水果、蔗糖、水产品产量增长较快，产量由 406110 吨、960076 吨和 40020 吨分别增加到 1137062 吨、1729508 吨和 73594 吨，年均增速分别为 8.24%、4.63% 和 4.80%。与此同时，粮食产量有较大幅度下降，2000～2013 年粮食、稻谷总产量由 146212 吨、111575 吨下降到 126130 吨和 65617 吨，年均下降速度为 1.13% 和 4.00%（见表 10－27）。

表 10－27　2000～2013 年徐闻县农业生产发展情况一览

年份	农林牧渔总产值/万元	粮食播种面积/亩	粮食总产量/吨	稻谷总产量/吨	蔗糖总产量/吨	花生总产量/吨	水果总产量/吨	水产品总产量/吨
2000	248438	435685	146212	111575	960076	11436	406110	40020
2001	258883	413631	137080	103500	1451101	11022	427473	41547

续表

年份	农林牧渔总产值/万元	粮食播种面积/亩	粮食总产量/吨	稻谷总产量/吨	蔗糖总产量/吨	花生总产量/吨	水果总产量/吨	水产品总产量/吨
2002	254724	375071	117375	83995	1491586	11904	442483	42672
2003	239188	337494	110175	78455	1265116	10464	485810	43358
2004	265465	347575	114935	75610	1160641	10523	538919	44118
2005	295992	325116	100363	52786	1021954	7063	667105	50279
2006	399448	341646	104653	65736	1125585	6783	692528	62212
2007	424458	370830	110144	68041	1317731	5417	685944	62037
2008	480842	387716	110300	64244	1300330	6804	734851	64059
2009	515659	404272	121369	71832	1330071	7638	780932	62789
2010	637606	406567	125527	72352	1328674	8323	882478	63479
2011	769222	407084	130459	73012	1423800	9695	995235	67218
2012	870031	425139	139504	78447	1606357	11052	1042786	70727
2013	929958	411373	126130	65617	1729508	13304	1137062	73594

资料来源：湛江市统计局：《湛江市经济统计年鉴》（2001～2014）。

2. 第二产业增加值增速缓慢

2007～2013 年，徐闻县第二产业增加值由 8.13 亿元增加到 16.42 亿元，年均增速为 12.43%。其中规模以上工业增加值由 2007 年 6.02 亿元增加到 2012 年 8.00 亿元，年均增速 4.85%（见表 10 - 22）。

3. 原煤等能源消费有较大幅度增加，单位产值能耗不断下降

2002～2013 年，徐闻县规模以上工业原煤、汽油、柴油、电力、其他燃料以及总能源消费由 7451 吨、54 吨、330 吨、7183 万千瓦时、97115 吨标准煤和 132017 吨标准煤增加到 42952 吨、95 吨、373 吨、8953 万千瓦时、92345 吨标准煤和 134912 吨标准煤，年均增速分别为 17.29%、5.27%、1.12%、2.02%、-0.46% 和 0.20%。2007～2012 年，徐闻县规模以上工业每亿元增加值原煤、汽油、柴油、电力、其他燃料以及总能源消耗由 6642.86 吨、15.45 吨、53.16 吨、1480.90 万千瓦时、14045.02 吨标准煤和 20794.85 吨标准煤下降到 4718.38 吨、13 吨、51.38 吨、1054 万千瓦时、11106.75 吨标准煤和 15907.5 吨标准煤，每亿元增加值的原煤、汽油、柴油、电力、其他燃料以及总能源消耗分别减少 1924.48 吨、2.45 吨、1.78 吨、426.4 万千瓦时、2938.27 吨标准煤和 4887.35 吨标准煤

（见表 10 - 25、表 10 - 28）。

表 10 - 28   2002 ~ 2013 年徐闻县规模以上工业能源消费情况一览

年份	原煤/ 吨	汽油/ 吨	柴油/ 吨	燃料油/ 吨	电力/ 万千瓦时	其他燃料/ 吨标准煤	能源合计/ 吨标准煤
2002	7451	54	330	—	7183	97115	132017
2003	9761	86	481	—	7196	80112	115560
2004	16764	126	397	—	7286	78940	121113
2005	17493	75	312	422	8202	66259	90087
2006	30396	77	533	645	9311	71274	106254
2007	39990	93	320	298	8915	84551	125185
2008	39990	93	320	298	8915	84551	125185
2009	37277	126	275	390	9608	88987	128668
2010	40035	163	293	321	6832	90498	128726
2011	34984	105	271	346	6128	75200	108763
2012	37747	104	411	220	8436	88854	127260
2013	42952	95	373	129	8953	92345	134912

资料来源：湛江市统计局：《湛江市经济统计年鉴》（2003 ~ 2014）。

4. 低碳科技研发创新薄弱

2001 ~ 2013 年，徐闻县科技活动人员、研发人员、科技经费内部支出总额、研发经费支出总额、科技项目数以及研发项目数变化不大，甚至有减少趋势（见表 10 - 29），说明其科技研发创新仍然很薄弱，甚至影响到低碳（碳汇）农业科技的推广应用。

表 10 - 29   2007 ~ 2013 年徐闻县规模以上工业企业科技活动情况一览

年份	科技活 动人员（人）	其中：R&D 人员（人）	科技经费内部 支出总额（万元）	其中：R&D 经费 支出总额（万元）	全部科技项目 总数（项）	其中：R&D 项目（项）
2001	92	—	573	—	2	—
2002	69	—	390	—	4	—
2003	—	—	—	—	—	—
2004	0	—	0	—	0	—
2005	13	—	672	—	1	—
2006	52	—	226	—	4	—

年份	科技活动人员（人）	其中：R&D人员（人）	科技经费内部支出总额（万元）	其中：R&D经费支出总额（万元）	全部科技项目总数（项）	其中：R&D项目（项）
2007	35	—	350	—	1	—
2008	35	—	115.6	—	1	—
2009	—	—	—	—	—	—
2010	73	30	497.5	350.4	6	3
2011	46	27	390	398.4	3	2
2012	75	23	549.2	337.8	9	5
2013	23	22	50.2	61.4	3	3

资料来源：湛江市统计局：《湛江市经济统计年鉴》（2002～2014）。

（三）徐闻县低碳生态发展模式

根据徐闻县的经济发展现状与存在问题，今后应充分发挥其自然生态条件等比较优势，扬长避短，进一步拉长特色农业生产链条，构建特色农业产业集群，重点发展低碳、绿色、生态的甘蔗、椰树以及生态休闲旅游等特色产业集群，以推动县域低碳经济健康快速发展。

1. 充分发挥自然生态比较优势

徐闻县位于我国大陆最南端，属热带海洋季风气候。其比较优势一是高温。徐闻县年均气温23.3℃，10℃及以上年均持续362天，日均不低于10℃；一月平均气温16.6℃，七月平均气温28.5℃，极端最低温为1967年1月17日的2.2℃，极端最高温为1958年5月8日的38.8℃。常年高温使徐闻县形成一年多熟的复种指数。二是多雨。徐闻县年均降水量1364毫米，但降水量的年内分配不均匀，85%集中于5～10月。三是太阳辐射强。由于徐闻县纬度低，太阳高度角大，年均太阳辐射能量为118.4千卡/平方厘米。四是日照时数较长。年均日照时数2072.8小时。五是雨热同期。夏季高温期也是降水最丰沛的时期。徐闻县具有高温多雨、太阳辐射强、雨热同期的气候条件优势，为其低碳农业发展，尤其是绿色、有机、生态的果蔬农业发展奠定了良好的基础。

徐闻县三面环海，岛屿港湾众多，主要港口有海安、外罗等。尤其海安港，是我国唯一的一个铁海联运码头。渔场众多，渔业资源十分丰富，可利用养殖面积19.5万亩，海洋水产经济发展潜力巨大。生物资源丰富，动植物种类繁多，现有 80 余种食用植物、130 余种林用植物、70 余种药用植物、40 余种观赏植物。

鉴于上述的自然生态资源优势，近些年来徐闻县的水果、蔬菜生产得到较快发展，尤其是蔬菜生产填补了我国北方地区冬季蔬菜生产淡季的空缺，满足了冬季蔬菜市场的需求这不仅使徐闻县果蔬生产效益大幅度提高，同时也进一步优化了徐闻县的农业生产结构。与此同时，徐闻县的游客数量大幅增加，旅游收入快速提高，旅游业迅速发展。

2. 构建低碳生态特色产业发展模式

为了进一步发挥上述比较优势资源，徐闻县应积极构建特色低碳生态特色产业发展模式，推动县域低碳经济健康发展（见图 10-8）。

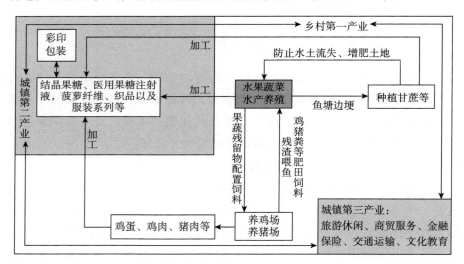

图 10-8　徐闻县低碳生态特色产业发展模式

一是构建农业内部低碳生态特色产业集群。徐闻县利用丰富的光热资源等自然比较优势，大力发展低碳循环高效农业——形成种植业、养殖业以及林业之间的生态循环高效发展模式。一是根据市场需求，大力发展周期短的绿色有机瓜果蔬菜生产，加大劳动密度，提高复种指数，提高土地产出效率，形成"一分地巧收十分财"的效益，同时也满足了我国乃至其他国家的瓜果蔬菜需求。二是大力发展养鸡、养猪等畜牧养殖业，鸡粪、猪粪、猪尿等肥田，为发展绿色有机蔬菜、甘蔗、椰树等生产创造条件；鸡粪、猪粪中残留的饲料颗粒还可以喂鱼等，推动水产养殖业的健康发展；甘蔗、椰树等林果业快速发展的同时，也减轻了水土流失程度，提高了土壤肥力，提升了生态环境质量，形成农业内部的绿色生态循环发展模式。

二是构建产业间的低碳生态特色产业集群。在低碳生态特色农业产业集群快速发展的基础上，根据市场供求发展趋势，进一步拉长产业链条，形成甘蔗→结晶果糖→医用果糖注射液特色产业链，以及椰果、菠萝→菠萝纤维→菠萝纤维织品→菠萝纤维材质的服装系列产业链等。特色工业的发展，又可反哺低碳生态特色农业的发展，形成产业间互促互进、共同发展的特色低碳生态产业集群。

三是构建农工贸一体化发展的循环低碳生态特色产业发展模式。"无商不活"说明第三产业，也就是服务业的健康发展是第一、第二产业发展的前提条件。通过贸易促进劳动地域分工，提高生产专业化水平，提高生产效益。低碳生态特色产业集群建立在比较优势的基础之上，是劳动地域分工的体现，也促进了商贸物流等服务业的发展。同时，特色产业、特色景观的存在与发展也成为吸引异地游客的重要因素。随着经济社会的快速发展，人们的生活水平不断提高，收入需求弹性进一步增大，旅游、奢侈品的需求将进一步增加，低碳生态旅游也将成为农工贸一体化发展模式的重要组成部分。

（四）徐闻县低碳经济发展对策

1. 认真做好县域低碳经济发展规划

在深入调研分析徐闻县比较优势的基础上，根据国内外经济社会发展趋势，认真研判市场供求变化趋势，对徐闻县进行准确定位，科学规划徐闻县低碳经济发展规划，提出长期、中期以及近期发展目标，提出重点发展的绿色有机蔬果、结晶糖、菠萝纤维、水产养殖等低碳特色产业以及低碳特色产业集群的发展目标。

2. 制定出台县域低碳经济发展的政策措施

科学规划的落实需要有效政策措施的支撑。国家已经出台《碳排放权交易管理暂行办法》（2014 年），将对高能耗、高排放、高污染、低增长的传统产业发展进行严格限制。徐闻县应在国家、广东省、湛江市的相关法规办法的基础上，及时制定出台有利于低碳经济发展的政策措施，以推动县域低碳经济健康发展。

3. 大力推广应用低碳科技

县域低碳发展的关键是低碳科技研发创新。鉴于徐闻县的实际情况，现阶段应重点与科研院所联合，推进适宜徐闻县发展需要的低碳科技研发创新，大力推广低碳科技，促进县域低碳经济持续发展。这样可以避开县域科技人员少、科技资源短缺、科研设备差、科技经费少等不利因素，通过"借鸡下蛋"的办法，将有限的经费、资源用于急需低碳科技研发与推广的方面，以达到事半功倍的效果。

4. 有所为有所不为

在发展县域低碳经济过程中，要根据徐闻县的实际情况，做到有所为有所不为，避免出现全面开花但最终收效甚微的局面。不同县域因经济社会以及自然环境方面的差异，其发展低碳经济的侧重点就有所差异，甚至差异很大。因此，在制定低碳经济发展规划以及规划实施过程中，要深入分析县域的自然环境条件、经济发展基础、社会文化背景等，认真分析国内外经济社会发展的背景、机遇，根据国内外市场供求趋势，有所为，即充分发挥自身的比较优势；有所不为，即避开自身的不足，以取得最佳县域低碳经济发展效果。

六　中牟县低碳生态休闲农业健康发展探析

中牟县位于郑州市与开封市之间，隶属于郑州市，是河南省政府提出的"郑汴一体化""郑汴新区"的重要组成部分。横贯中牟县、连接郑州与开封两城市的快速通道主要有郑汴城际高铁（2014 年通车）、郑开大道（2006 年开通）以及商都大道、物流通道、G30、S82 等，它们使郑汴两地连接成为一个有机整体。同时，两城的非农人口也为中牟县生态休闲农业发展提供了很大的客源市场。

（一）低碳生态休闲农业

低碳生态休闲农业是都市农业的重要组成部分，是充分利用农业资源条件，集生产、生态、休闲、旅游于一体的低碳复合产业。低碳生态休闲农业健康发展就是通过诊断其发展过程中存在的问题（病症）采取有针对性的对策建议，达到药到病除的效果。发展低碳生态休闲农业可有效缓解工业化、城镇化与农业现代化之间的用地矛盾，充分利用城市区位、工业、科技、客源等优势，深度开发农业资源，形成特色低碳生态休闲农业产业集群，调整农业结构，改善农业环境，增加农民收入，进一步提升城乡居民生活质量。随着经济社会快速发展，城镇化水平不断提高，低碳生态休闲农业将从自发状态逐步转入规模化、特色化、专业化和规范化发展轨道，实现农业、休闲、旅游、文化、生态的有机融合。

（二）低碳生态休闲农业发展过程中存在的问题

1. 思想认识不到位

改革开放 30 多年来，我国经济社会发生了翻天覆地的变化，但计划经济、短缺经济时代的影响还远未消除，"缺吃少穿"在 40 岁以上人群中的烙印仍然很深，严重束缚了人们的思想认识。认识不到位又直接影响到休闲农业的发展预测，顶层设计也不能及时跟进，各地低碳生态休闲农业发展仍处于自发发展阶段，项目建设、基础设施建设、经营管理、内涵挖掘等方面仍然存在着诸多问题。

2. 发展环境受限制

思想观念落后、人财物投入不足、以往经济发展模式的定式思维，直接影响着低碳生态休闲农业的发展规模。与此同时，乡村生态环境建设滞后，农药、化肥等面源污染问题仍很突出。尤其以散养为主的农村家禽养殖业的快速发展，产生大量畜禽粪便形成新的区域固体废弃物污染源，对乡村区域生态环境造成不良影响。

3. 项目建设多类同

低碳生态休闲农业的自发发展，致使项目重复建设，缺乏特色，经营混乱，整体效益差，地方政府对低碳生态休闲农业运营干预过多，投资主体与运营主体错位，农业科研机构参与度低，宣传力度不够，客源市场得不到充分开发等，直接影响着低碳生态休闲农业的健康发展。

4. 基础设施水平低

低碳生态休闲农业发展规模小，资金投入不足，导致景区的道路等级低，通行能力有限，景区停车泊位少，公共厕所少，水电气、通信、环保等基础设施建设不到位，客房、餐厅、茶楼等主要设施卫生状况差，安全保卫措施不到位。其他休闲设施、条件更待进一步加强。

5. 整体水平待提高

低碳生态休闲农业尚处于起步阶段，整体建设规模小，科技含量低，设施简陋，内容单调，缺少高品位、高档次、多功能、知识型的休闲园区。经营者凭经验决策，与市场需求存在较大差距；从业人员缺少必要的培训，整体素质和服务水平低，管理水平差。

（三）中牟县低碳生态休闲农业发展案例

鉴于低碳生态休闲农业发展中存在的上述问题，中牟县在都市农业、低碳生态休闲农业发展方面进行了如下尝试。

1. 科学规划现代农业示范园区

2011 年中牟县人民政府委托中国农业大学农业规划科学研究所编制了《郑州新区（中牟）都市型现代农业示范区规划》。北部观光低碳生态休闲农业，重点发展花卉、渔业、蔬菜三大产业，打造以赏花品花、垂钓休闲、采摘体验为主的各类园区；依托雁鸣湖景区资源优势和交通区位优势，规划建设都市型现代农业示范区北部核心区，面积达 57.2 平方公里。南部发展高效生态产业，以姚家镇为中心，主要发展设施农业，努力打造中原草莓、蓝莓、番茄、桑果等浆果生产、采摘、加工、展示基地。

2. 多方筹资建设低碳生态休闲农业园区

成立中牟县兴农小城镇建设有限公司，利用国外贷款建设郑州新区（中牟）都市型现代农业北部旅游观光农业示范区先导区项目。利用媒体对示范区进行宣传推介，与 100 多家企业洽谈，最终确定 10 余家企业入驻，进行相关项目建设经营。引进河南省弘亿国际农业科技股份有限公司，进行南部姚家镇"弘亿国际农业高新产业园"建设。

3. 利用市场机制规范经营管理

中牟县低碳生态休闲农业已建成投产的相关项目和即将建成投产的项目均采取企业化运作模式，市场化管理机制，通过市场供求关系调整相关低碳生态休闲农业项目的投产、营销与运营。政府职能部门重在监管，通过建立农产品质量安全检测中心，引入农产品质量追溯平台等，维护市场交易公平公开合法有序进行。

4. 政府提供"一揽子"公共服务

中牟县政府提供的公共服务包括：负责主要道路、桥梁和水电气通信管网等基础设施建设；建设现代农业技术综合服务站，增设村级科技服务点，实现农业科技推广体系升级与优化；建设不同种类的农业科技展示及示范基地，建立现代农业培训中心，加强农民技术培训；建设农业旅游服务中心；帮助争取国家、省、市农业产业化龙头企业和无公害、绿色、有机食品标识，优先帮助争取国家、省、市科技高效外向农业等专项资金；等等。

5. 低碳生态休闲农业发展已经初见成效

河南省中牟县国家现代农业示范区已获农业部认定（农计发〔2012〕1号）；北部先导区建设已列入河南省重点项目（豫发改建设〔2012〕92号）；中牟县低碳生态休闲农业发展高标准示范区规划通过评审；已实现大规模土地流转12358亩（500亩以上）；弘亿国际高新农业产业园建设已初具规模，开始运营；万邦国际农产品物流城一期工程已投入运营；2014年北部先导区将建成投入运营（中牟县发展和改革委员会，2013）。

（四）低碳生态休闲农业健康发展的对策建议

1. 不断深化思想认识，做好低碳生态休闲农业规划

都市郊区县域各级领导及人民群众要加强现代农业、低碳生态休闲农业、都市农业等理论知识学习，转变思想观念，不断提升理论水平。思路决定出路，只有认识到位，才能自觉地转换为实际行动，根据地区比较优势，科学合理地做好低碳生态休闲农业发展规划，指导低碳生态休闲农业健康发展。

2. 加快农地确权进程，促进土地有序流转

低碳生态休闲农业规模小、科技含量低、内容单一的重要原因之一就是农地没有得到有效流转。为推进低碳生态休闲农业健康发展，必须加快农村土地确权进程，加快农村土地流转。这不仅有利于低碳生态休闲农业适度规模经营，新型农业现代化有序推进，也有利于建立农地金融制度，解决低碳生态休闲农业发展的投入不足等问题，改善落后的农业生产条件，促进农村经济社会持续发展。

3. 健全完善法规制度，规范政府市场监管

政府职能部门要健全完善相关法规制度，建立健全检验检测平台，通过法规制度、检验检测平台规范低碳生态休闲农业发展过程中的市场监管，为交易双方构建公平、公开、合理、合法、有序的市场秩序。通过市场机制调动低碳生态休闲农业企业发展的积极性，促进低碳生态休闲农业做大做强。

4. 拓宽投资融资渠道，加大低碳生态休闲农业投入

投入不足是制约低碳生态休闲农业健康发展的另一重要因素。因此，要加快农地确权进程，建立农地金融制度；要以国务院批复的民营银行试点为契机，进一步完善民营金融管理法规，充分发挥民营金融的优越性与积极性；要根据农村实际，创新农村金融产品等。进一步拓宽农村居民投融资渠道，推动低碳生态休闲农业健康发展。

5. 发挥地方比较优势，培育特色休闲品牌

比较优势，即"人无我有、人有我优"。低碳生态休闲农业发展要充分挖掘地方比较优势和地方特色文化内涵，拉长特色低碳生态休闲农业链条，提升特色低碳生态休闲农业品位，培育特色低碳生态休闲农业品牌，形成特色低碳生态休闲农业集群，延长游客滞留时间，提高低碳生态休闲农业效益。

6. 利用信息网络便利，加强高新技术支撑

低碳生态休闲农业对品种、技术、方法、效果的科技含量和科技水平要求很高，要充分利用信息网络便利条件，加强与科研院所、科技企业紧密合作，建立产学研相结合的管理运行机制，使低碳生态休闲农业向知识化、精致化、体验化方向发展，充分发挥科技的支撑和引领作用是促进生态休闲农业健康发展的重要保障。

七 化隆县低碳生态城镇建设模式

化隆回族自治县（以下简称化隆县）位于青海省东部黄土高原与青藏高原过渡地带，地处东经 101°39′~102°42′、北纬 35°48′~36°17′。海拔高度 1884~4484 米，年均气温 2.2℃，无霜期 89 天，年均降水量 470 毫米。土地总面积 2740 平方公里。平（平安）阿（阿岱）高速公路等贯穿县境，黄河沿县境南缘自西向东流过。化隆县西距西宁 100 公里，东距兰州 160 公里。现辖 11 个乡 6 个镇和 2 个管委会，以及 362 个行政村。总人口 22.97 万人，少数民族人口 18.07 万人，其中回族人口 12.05 万人，占总人口的 52.46%，占少数民族人口的 66.69%。2013 年化隆县完成国内生产总值 45.74 亿元，三次产业增加值分别完成 5.87 亿元、31.2 亿元、8.67 亿元，三次产业结构比 12.83∶68.21∶18.96；人均国内生产总值 18369 元，城镇居民人均可支配收入 19076 元，农民人均纯收入 5854 元。

（一）化隆县低碳生态城镇建设现状

一是县城空气质量改善任务艰巨。化隆县城主要工业企业有先奇铝业有限责任公司、盛兴冶金有限责任公司、永盛碳化硅有限责任公司、华夏水泥有限公司、青海噶雅藏族服饰有限公司等。2003~2007年县城工业区二氧化硫、二氧化氮、总悬浮微粒、粉尘等监测指标均超过国家规定标准。主要是因为县城采暖锅炉逐年增加，机动车辆不断增加，锅炉烟尘废气和汽车尾气排放不断增加，空气质量逐年下降，改善空气质量面临着艰巨任务。其他城镇均处于农业区，空气质量基本稳定。

二是地表水质不断恶化。经监测，化隆县巴燕河及合群水库水体中氨氮、化学需氧量、五日生化需氧量、挥发酚、动植物油以及悬浮物等项目都已超标，这是因为城镇居民生活污水排放量逐年增加且未经处理，以及部分企业工业废水经简单处理后就直接排入巴燕河而造成的。同时河道采砂也加剧了水土流失。

三是地下水质良好。化隆县地下水水源地均处于农业区，尚未遭受破坏或污染，经采样监测，地下水质状况良好，满足《生活用水水质标准》和《地下水水质标准》要求。

四是噪声偶尔超标。县城噪声主要来自交通车辆、建筑施工、五金加工、商店等，夜间噪声会偶尔有超标现象。2005年以来，通过采取施工控噪等措施，夜间噪声污染逐渐消除。其他城镇声环境良好。

（二）化隆县低碳生态城镇建设过程中存在的问题

化隆县地处西部内陆地区，经济发展水平较低，属欠发达地区。在低碳生态城镇建设过程中还存在着如下一些突出问题。

一是低碳生态产业支撑能力很差。化隆县仍处于传统农业阶段向工业化阶段过渡时期，主要以传统农业为主，工业尤其是低碳生态工业尚处于萌芽阶段，低碳生态产业支撑能力还很差。

二是低碳生态城镇建设资金匮乏。由于化隆县经济发展水平低，低碳生态产业仍处于萌芽阶段，处于传统的发展阶段，直接影响到当地的财政收入以及市场融资渠道的拓展和资金筹集水平，其低碳生态城镇建设金融支持力度不够。

三是低碳生态基础设施建设落后。金融支持低碳生态城镇建设力度不够，建设资金筹措不到位，污水处理等一些低碳生态设施建设均不能得到有效的保障，尤其在除县城以外的其他乡镇这种情况更为严重。目前的城镇建设资金主要集中于县城中心城区的建设，而其他中心镇、中心村的水、电、路、通信、卫生等基础设施建设比较落后，在低碳生态城镇建设方面还需进一步加大投入力度。

四是多数乡镇建设的自然条件有限。除县城以外的其他 19 个乡镇分布分散，人口规模、城镇建设规模均很小，且各自处于相对独立封闭的山区半山区，规模扩张受到了极大限制。

五是人才资源匮乏。化隆县高层次专业人才、管理人才都极为缺乏，居民思想观念比较落后，体制机制相对滞后，这些都在一定程度上制约着低碳生态城镇的有序建设。

六是相关法规制度尚待进一步完善。化隆县低碳生态城镇建设尚处于初级阶段，监管制度不完善，实施措施不到位，缺乏一整套相互补充、相互支撑的行之有效的法规制度，依法治镇水平还有大量的工作要做。

(三) 化隆县低碳生态城镇建设模式

根据西部地区以及化隆县的自然生态环境状况，要把低碳生态城镇建设作为修复地方生态环境系统，建设资源节约型和环境友好型社会，加快县域产业结构升级转型，促进县域低碳循环生态发展，挖掘人文生态遗存，整合生态文脉，倡导生态文明，构建县域和谐社会的重要途径；走以低碳生态建设为抓手，经济、社会、环境三者之间互进共赢的发展模式（见图 10 - 9）。

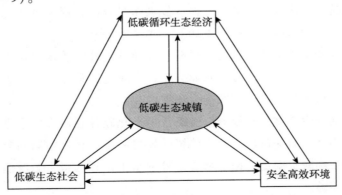

图 10 - 9　化隆县"三位一体"的低碳生态城镇建设模式

化隆县低碳生态城镇建设要以城市生态学和低碳经济学等理论为指导，以低碳健康发展为主题，以县域低碳发展规划、县域低碳生态城镇规划为蓝本，以生态修复、环境保护为重点，以城镇科学管理为手段，建立政府主导、市场调节、执法监督、公众参与的低碳生态城镇建设长效机制，建设经济、社会、生态与低碳生态城镇建设高度统一的"三位一体"的发展模式。其建设目标就是经济发达、生态安全、社会和谐的经济、社会、环境高度耦合的互利共生的统一体。

（四）化隆县低碳生态城镇建设路径

1. 以产业结构调整为主线，大力发展低碳循环生态高效产业，增强低碳生态城镇建设的产业支撑能力

低碳循环生态产业发展是化隆县低碳生态城镇建设的重要支撑条件。城镇要低碳生态发展，首先要及时进行产业结构调整，通过产业优化升级改造，扩展低碳循环生态产业的发展空间，增强低碳生态城镇建设的产业支撑能力。产业结构调整就是要以低碳经济理论和生态经济原理为依据；构建资源能源多级循环高效利用，上下游产业、旁侧产业以及产业内部各生产环境之间高度耦合，经济、社会、环境健康协调发展的低碳循环生态高效的产业结构。新型城镇化背景下的农业发展要向适度规模化过渡，集约化经营，规范化管理，不断提高农产品的质量，为化隆县城镇化推进提供新的动力。工业发展就是要通过产业结构调整、空间结构优化等手段，推动企业向低碳生态产业集聚区或工业园区集中，大力推进清洁绿色低碳生产，促进化隆县产业结构低碳化，实现低碳循环生态产业发展与低碳生态城镇建设的有机融合。利用信息化改造升级传统第三产业，大力扶持发展现代服务业，尤其是生产性第三产业的发展；通过县城、中心镇、一般镇的第三产业发展来拓展城镇就业容量，促进农村剩余劳动力有序转移；通过县域产业布局调整，优化县域城镇空间结构，推动县域低碳生态城镇建设。

2. 以劳动地域分工为基础，走差异化、特色化低碳生态城镇建设之路

化隆县自然资源、环境条件、经济社会基础存在较大差异，各城镇具有不同的比较优势。因此，在低碳生态城镇建设过程中，要以差异化发展为理念，建设各具特色的低碳生态城镇。一是结合各城镇的具体情况，制定具有可操作性的低碳生态城镇建设目标和规划；各城镇的功能定位要能够充分发挥地方比较优势，能够突出地方特色，切实可行。二是结合各城镇的具体情况，优先发展各种公共交通，规划完善公共交通网络，形成高效低碳的公共交通体系，有利于居民生产生活。三是要传承历史文脉，充分体现地方文化特色，保护好古村镇和古聚落，建设符合地方特点的绿色环保建筑，实现传统文明与现代文明的有机结合。四是在城镇风貌设计方面要能够充分反映地域文化特色，体现低碳生态城镇的天人合一的建设理念。

3. 以"多宜"发展为理念，破解低碳生态城镇建设桎梏

城镇的"多宜"功能包括宜居、宜商、宜业、宜游等。因此，在化隆县低碳生态城镇建设过程中，要充分保护和利用城镇内外部的各种自然环境要素及其生态服务功能，培育居民的低碳生态理念，并使之转化为社会行动；加快城镇内部市政基础设施更新改造，包括"三废"收集、处理和回收处置设施建设；大力推广使用清洁能源，强制推行建筑节能，调整优化能源结构；加快传统产业改造步伐，大力发展低碳产业，最终实现碳脱钩；尽可能利用绿色低碳材料与技术，全面降低建筑物生命周期对生态环境的影响；要始终遵守低碳生态城镇建设不能超越自然承载力这一底线；重视生态文明建设。

4. 以 PRED 协调发展为目标，有序推进化隆县生态城镇建设

PRED（Population、Resource、Environment、Development）互促互进，共同形成化隆县低碳生态城镇建设的独特发展系统。因此，在化隆县的低碳生态城镇建设过程中，一是要全面评估化隆县的生态资源，将其划分为禁止开发区、限制开发区和适宜开发区，因地制宜地进行规划建设；二是要重点建设县城、中心镇，优化城镇之间劳动地域分工，加快农业人口非农化进程，吸引农业人口从生态脆弱地带迁至县城、中心镇，将人口容量控制在资源环境的承载范围之内。通过 PRED 的协调发展，最终实现低碳生态城镇建设的多赢局面。

八　元江县碳汇生态乡村建设模式

元江哈尼族彝族傣族自治县（简称元江县）位于云南省中南部，地处东经 101°39′～102°22′、北纬 23°18′～23°55′。元江县下辖澧江街道办、红河街道办、甘庄街道办、因远镇、曼来镇、羊街乡、那诺乡、洼垤乡、咪哩乡、龙潭乡 2 个镇 5 个乡以及 3 个街道办事处。2011 年，全县三次产业增加值分别为 10.1 亿元、9.8 亿元和 16.14 亿元，三次产业结构比为 28.03:27.19:44.78，人均国内生产总值 16497 元，农民人均纯收入 5990元。元江县是典型的山区农业县，土地总面积 2858 平方公里，其中，山区面积占 96.8%。

（一）元江县碳汇生态乡村建设现状

相关学者构建了低碳生态评价指标体系，依据元江县相关统计年鉴、"十二五"发展规划和实地调查，石浦南、罗明灿（2013）对元江县低碳乡村发展情况进行了评价。结果显示元江县乡村低碳化水平一般（0.323）。其中，农业生产低碳化距离值占元江县乡村低碳化综合距离值的 56.9%，说明农业生产低碳化在乡村低碳化过程中的贡献度最低；乡村环境低碳化距离值占综合距离值的 8.7%，对乡村低碳化贡献度最高（见表 10 – 30）。

表 10 – 30　元江县各低碳化指标情况一览表

项目	农业生产低碳化程度	能源结构低碳化程度	生活方式低碳化程度	乡村环境低碳化程度	社会环境低碳化程度	乡村评价综合
距离值	0.184	0.0347	0.044	0.028	0.031	0.323
所占比例（%）	56.9	10.8	13.8	8.7	9.6	100

资料来源：石浦南、罗明灿，2013。

（二）元江县碳汇生态乡村建设过程中存在的问题

综上所述，元江县在碳汇生态乡村建设过程中，农业生产低碳化贡献度最低，说明元江县低碳产业发展，尤其是碳汇林业、碳汇农业、低碳农业发展仍然存在诸多问题，碳汇（低碳）产业发展有待于进一步加强。其他生活方式低碳化、能源结构低碳化、社会环境低碳化以及乡村环境低碳化均有一定的发展空间，尤其碳汇林业的发展潜力很大，有待于进一步挖掘，最终共同推动元江县碳汇（低碳）生态乡村建设。

（三）元江县碳汇（低碳）生态乡村建设模式

元江县既有山区乡村，也有坝区乡村；既有县城工业区域内的乡村，也有林业区域、农业区域内的乡村。各乡村的交通区位、经济区位、经济水平、自然条件千差万别，因此，在建设模式选择上也存在很大差异。根据我国县域自然地形条件、土地利用格局、城乡体系规划和生态重要程度与敏感程度，结合主体功能区和生态功能区类型，可将碳汇乡村建设模式归纳为农业区域及林业生态保护区域的碳汇生态乡村建设模式，工业化区域以及矿产资源开发区域的低碳生态乡村建设模式4种类型（见图10－10）。

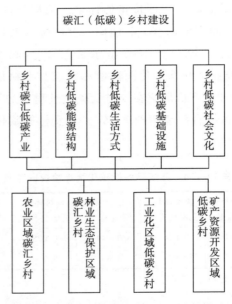

图10－10　元江县碳汇生态乡村建设模式

1. 农业区域碳汇生态乡村建设模式

农业区域是指以第一产业为主要内容的生产生活空间地域，包括乡村聚落和农业生产区。因此，农业区域碳汇生态乡村建设不仅要抓好碳汇农业、低碳农业的适度规模经营（农业产业化和农业现代化），重点实施农业内部、工农业间以及农工贸碳汇（低碳）循环生态农业经济模式建设与整治工作，抓好节地、节水、节电等基础性工作，控制农药、化肥、农膜使用，提倡秸秆还田、生物治虫以及畜禽生态养殖等，促进农业生产的低能耗、低排放、低污染或零污染，提高农业生产效能，增强农业生产的固碳与碳储存功能，确保农产品质量安全稳定；而且还要抓好低碳乡村聚落的规划与建设工作，严格保护基本农田，严禁非农建设占用耕地，有序推进"千村提升，万村整治"工程，加强"空心村"整治力度，逐步改变传统农业经济时代乡村聚落分布过密的状况，以适应农业规模集约经营和现代农业发展的需要，减少乡村聚落占地规模，发展节地型公共建筑和住宅，引导乡村剩余劳动力向城镇集中，提高土地利用率。合理安排农业生产用水和生活用水的分配比例，提高水资源利用效率；积极开展乡村生活污染治理，加强农村饮用水水源地保护和水质改善工作；打造不同风格、不同特色的休闲观光农业景点景区；积极开展低碳生态环保知识教育，不断强化乡村居民自觉维护生态环境的责任意识。

2. 林业生态保护区域碳汇生态乡村建设模式

林业生态保护区域是指重点提供生态产品的空间区域。该区域碳汇生态乡村建设的重点就是要加大生态环境保护力度与生态环境修复力度，大力发展碳汇林业。大力营造水土保持林、生态公益林，大幅提高森林植被覆盖率；提高森林、湿地、灌丛、草地的水源涵养功能，治理土壤侵蚀；严格控制水库等主要水源地的点源、面源污染，治理、保护流域干支流河道，提高河流水质；严禁乱垦滥牧，恢复和保持植被生态系统和生物物种多样性；积极发展特色碳汇林业、生态产业和乡村生态休闲旅游；完善乡村基础设施建设，发展生态型、清洁型、再生型能源，创建碳汇生态乡村（刘晔，2013）。

3. 工业化区域低碳生态乡村建设模式

工业化区域是指向第二、第三产业为主要内容的生产生活空间区域。工业化区域低碳（碳汇）生态乡村建设的目的就是实现城乡一体化发展，通过以城带乡、以工补农等措施，逐步实现工农协调、城乡协调、城乡一体发展的新局面。具体包括：逐步提高覆盖城乡公共服务设施的均等化水平；城郊地区要率先实现城乡一体化；引导散布于乡村的各类工业企业向县城的产业集聚区或重点镇的工业园区集中；将低碳生态环境指标纳入新农村建设考核体系；科学布局、合理发展"种养加、贸工农"一条龙式的低碳生态特色农业产业集群。

4. 矿产资源开发区域低碳生态乡村建设模式

矿产资源开发将对乡村生态环境造成严重污染。该区域低碳生态乡村建设工作的重点就是要做好工矿污染治理和生态修复重建工作。通过深入细致的实地调查分析，摸清工矿区废弃物类型和污染现状，提出切实可行的有效的"三废"处理方案，尽可能做到废弃物的综合利用；对暂不能进行综合利用的"三废"物质要采取必要的堆存和处置措施；加大工矿空闲废弃地的复垦和采煤（矿）沉陷区的治理修复力度；切实减轻能源矿产开发对水资源的破坏，加强地下水资源保护；合理规划布局矿产资源开发区的乡村格局，避免占压资源，对已占压资源的乡村要逐步搬迁；强化乡村生态环境监管，对环境污染要做到早发现、早治理；优化矿产资源型乡村产业结构，及早做好产业转型工作（刘晔，2013）。

（四）元江县碳汇生态乡村建设路径

1. 积极开展乡村生态环境连片整治

鉴于乡村环境脏、乱、差的现状，碳汇（低碳）生态乡村建设工作的当务之急就是要做好生态环境连片整治工作，着力实施乡村清洁工程。划定水源地保护区范围，加大乡村饮用水水源地保护力度，加强农村饮用水水质卫生监测。结合各地乡村的实际情况，因地制宜地规划建设乡村生活污水、垃圾的防治技术和处置设施。以沼气开发利用和秸秆综合利用为突破口，调整优化乡村能源结构，积极推广可再生能源、液化气（天然气）等清洁能源和省柴节煤炉（灶）等节能技术。

2. 努力开展乡村生态修复工作

有序开展乡村生态评估，有针对性地进行生态修复、保护和监管。对重要生态功能区的乡村要实施相应的保护举措；做好乡村水土保持工作；做好乡村生物安全管理工作，保护生物多样性；因地制宜地退耕还林还草、退牧还林还湖，做好天然林保护、乡村林业生态圈、通道绿化等建设工程，加大废弃矿以及沉陷区的环境治理及生态修复力度；最终形成农田、林区等生态基质，道路、河流等生态廊道，乡村聚落等生态斑块，以及生态节点等有机链接的生态流畅通无阻的经济社会发展有效耦合的生态空间格局。

3. 大力发展乡村碳汇（低碳）循环生态产业

乡村碳汇（低碳）循环生态产业应涵盖碳汇林业、碳汇农业、低碳农业、循环农业、生态休闲旅游和低碳生态工业园区等多个方面。碳汇林业主要是通过大力植树造林，增强森林的碳吸收和碳储存功能，并通过森林碳汇交易获得额外的经济收益，促进碳汇林业健康发展。碳汇农业主要是通过生物链等措施进行病虫害防治，通过农作物秸秆粉碎、深耕还田、培肥土壤等措施，促进有机农业，即碳汇农业的有序发展。低碳农业主要是通过科学耕种、科学管理收获等措施，减少农业生产过程中化肥、农药等化石能源的消耗量，促进农业低碳发展。循环农业主要是以村（或镇）为单元，构建"养殖—沼气—种植""农—林—牧""沼—气—发电—生活"等农业生产循环链条或闭合循环链条，减少资源开发，减少废弃物排放，减轻对生态环境的污染（或达到零污染），最终达到提升农业效益的目的。利用农业生产过程、农业资源以及乡村生态环境优势，大力开发乡村农业生态采摘休闲旅游资源，科学合理布局乡村低碳生态工业园区，实现乡村内各产业的协调发展。

4. 建立健全碳汇（低碳）生态乡村保障体系

制定碳汇（低碳）生态乡村建设评价指标体系，做好碳汇（低碳）生态乡村建设规划。强化碳汇（低碳）生态乡村监管，设立乡村碳汇（低碳）生态环保机构，加强乡村生态环境执法，强化乡村生态环保审批。多渠道筹集资金，探索建立乡村碳汇（低碳）生态补偿长效机制。加强宣传教育，逐步提高乡村居民的碳汇（低碳）生态环保意识与水平。

第十一章　结语与讨论

县域低碳经济发展机制、模式与路径研究在我国经济、社会、环境健康发展过程中具有重要的意义，不仅有利于我国生态文明建设，也有利于从根本上解决我国农业、农民、农村"三农"问题，推动我国县域，尤其是农村地区的经济、社会、环境健康可持续发展。

一　主要结论

一是近些年来，国内外专家学者对城市、省域、国家乃至全球范畴的低碳经济发展、低碳技术研发应用、碳补偿机制构建等方面进行了较为深入的研究。然而有关县域尺度的低碳经济发展研究成果较少，这对我国县域低碳经济建设发展研究既是机遇，也是挑战。对县域低碳经济发展机制构建、发展模式确定与实现路径选择等方面的研究将会引起更多专家学者的关注。

二是西方发达国家在低碳经济发展与研究方面起步较早，已积累了诸多切实可行的具有不同特色的低碳经济发展模式与低碳经济发展策略。主要包括欧盟国家经济政策激励型发展模式、美国市场主导企业决策型模式、日本政策规划企业主导型模式、俄罗斯能源转型模式，以及低碳经济发展战略制定策略、低碳经济发展政策体系策略、排放权交易制度策略、财税激励性政策策略等。西方发达国家与地区低碳经济发展的经验与教训，为我国县域低碳经济建设和发展提供了有益的借鉴与启示。

三是低碳经济是以可持续发展理念为指导，以低碳科技创新为支撑，以低碳法规制度完善为保障，以产业转型升级为载体，以绿色生态发展为目标，以清洁能源利用为动力，以空间结构优化为基础，以低能耗、低排放、低污染、高增长为特征，以实现经济、社会、环境健康协调"多赢"为目的的经济发展模式。碳循环理论、产业结构转型升级理论、经济发展阶段理论、产业集群理论、地域生产综合体理论、生态足迹理论、环境库兹涅茨理论、脱钩发展理论以及可持续发展理论等，为县域低碳经济发展研究提供了坚实的理论基础。

四是资源环境条件、原有经济基础、社会文化背景、科学技术水平、法律制度体系、政策体制条件、低碳金融体系等因素对我国县域低碳经济发展起着重要的促进或延缓作用。目前，我国县域低碳经济发展仍然在产业发展、生态环境、体制机制以及碳汇能力建设等方面存在着诸多困境。

五是探索县（市）域碳收支平衡计算方法，对县（市）域碳汇、生活碳排放进行估算，为县（市）域低碳经济发展机制构建、模式确定以及实现路径选择奠定了良好的基础。

六是及时构建低碳法规政策引导机制、科学技术支撑机制、空间结构优化机制、经济发展促动机制、低碳金融支持机制、生态环境约束机制、社会文化导向机制以及耦合创新驱动机制。尤其耦合创新驱动机制，将成为我国县域低碳经济健康可持续发展的不竭动力源泉。

七是我国地域辽阔，县域低碳经济发展的条件差异巨大。在县域低碳经济发展模式方面，既有减少碳源排放的低碳产业发展主导模式、清洁生产主导模式、产业转型升级主导模式、产业结构调整主导模式、提高能源结构优化主导模式、空间结构优化主导模式，也有增加碳汇的林业碳汇主导模式、农田碳汇主导模式，还有以减少碳源排放为主的综合模式（低碳生态城镇建设主导模式）、以碳汇增加为主的综合模式（碳汇生态乡村建设主导模式）等。

八是县域条件差异，低碳经济发展模式不同，也就存在着不同的低碳经济发展路径。低碳经济发展路径主要有低碳产业发展路径、产业结构低碳化路径、能源结构优化路径、空间结构优化路径、能源清洁生产路径、碳汇林业建设路径、碳汇农业发展路径、低碳生态城镇建设路径、碳汇生态乡村建设路径等。

九是县域低碳经济发展在不同的时间段往往以某一种或某几种动力机制为主，并需要它们的有机耦合。县域低碳经济发展条件差异，发展机制不同，其低碳经济发展模式往往也就以某一种模式或某几种模式为主。而且，各种低碳经济发展模式并不是孤立的，它们有着千丝万缕的联系。县域发展条件差异巨大，低碳经济发展模式不同，低碳经济发展路径（或者说低碳经济发展的突破点）也就存在着一定的差异。例如，汝南县的低碳产业发展模式，乐陵市的产业结构低碳化调整模式，镇平县的城镇空间结构优化经验，商水县的城乡空间结构优化尝试，徐闻县的低碳生态发展模式，中牟县的低碳生态休闲农业健康发展探析，化隆县的低碳生态城镇建设模式，元江县的碳汇生态乡村建设模式，等等。

二 创新点

一是从我国最基本最稳定的行政单元县域入手，对我国县域低碳经济发展的影响因素、碳收支平衡、动力机制、发展模式与实现路径等方面进行了较为全面的系统研究，指出耦合创新动力机制在县域低碳经济发展过程中的作用将越来越重要，对县域低碳经济发展模式、实现路径等理论框架构建进行了尝试。

二是在深入分析县域低碳经济发展影响因素的基础上，以碳循环理论、生态足迹理论、环境库兹涅茨理论为基础，以产业结构转型升级理论、经济发展阶段理论、产业集群理论、地域生产综合体理论为指导，以脱钩发展理论以及可持续发展理论为提升，提出了及时构建低碳法规制度引导、科学技术支撑、空间结构优化、经济发展促动、低碳金融支持、生态环境约束、社会文化导向以及耦合创新驱动等动力机制；尤其耦合创新驱动机制，已成为县域低碳经济健康发展的关键。

三是通过有重点地大力培育发展以减少碳源排放为主要内容的低碳产业发展主导模式、清洁生产主导模式、产业转型升级主导模式、产业结构调整主导模式、能源结构优化主导模式、空间结构优化主导模式和以增加碳汇为主要内容的林业碳汇主导模式、农田碳汇主导模式，以及兼顾碳源排放减少与碳汇碳储存能力增加的低碳生态城镇建设主导模式、碳汇生态乡村建设主导模式等，通过耦合创新驱动，引导县域经济、社会、环境向着低能耗、低排放、低污染、高效益的方向健康发展。

四是县域低碳经济发展可采用优先发展低碳产业，促进产业结构优化、能源结构优化、空间结构优化，推动能源清洁生产，激励碳汇林业建设、碳汇农业发展、低碳生态城镇建设、碳汇生态乡村建设等诸多路径，或通过这些路径的有机组合，实现低碳经济的健康有序发展。

五是总结提炼出以低碳产业发展为主的汝南模式，以产业结构优化调整为主的乐陵模式，以城镇空间结构优化为主的镇平经验，以城乡空间结构优化为主的商水尝试，以及立足于自身比较优势的徐闻县低碳生态发展模式和中牟县低碳生态休闲农业健康发展探析，等等。

六是县域低碳经济发展的空间响应，即在城镇、乡村地域的具体落实，分别以化隆县和元江县为例，指出了我国低碳生态城镇和碳汇生态乡村建设现状以及存在问题，提出了化隆县低碳生态城镇建设模式、元江县碳汇生态乡村建设模式及其建设路径。

三　有待进一步探讨的问题

县域低碳经济发展机制、模式与路径研究是一个涉及自然、社会、经济、环境、政治、文化、人口、空间等诸多方面相互交织影响的极为复杂的系统工程，对其进行全面、系统的研究还需要诸多学科的共同努力。加之研究条件限制等原因，本项目研究还存在一些有待进一步探讨的问题。

首先，由于统计制度等限制，对全国各县（市）、乡（镇）、村的资料收集不全，在实证分析过程中主要以一些典型的县（市）、乡（镇）、村庄为例进行了重点剖析，其他也只是从县（市）域总体上进行概括性分析。

其次，进入 21 世纪以来，低碳经济发展已经成为世界各国政府和专家学者关注的热点问题之一。本项目研究所提出的县域低碳经济发展机制构建、发展模式确定、发展路径选择只是其中的一部分，县域低碳经济发展机制、模式与路径还有诸多问题需要进一步深入研究。

主要参考文献

[1] Adger W. N. , Arnell N. W. Tompkins E. L. Successful adaptation to climate change across scales [J]. *Global Environmental Change*, 2005, (15): 77 - 86.

[3] Adger W. N. Social capital, collective action and adaptation to climate change [J]. *Economic Geography*, 2003, 79 (4): 387 - 404.

[3] Damon Anderson. Productivism, "Vocational and Professional Education, and the Ecological Question", *Vocations and Learning*, 2008 (1).

[4] Downing T. E. , Patwardhan A. Adaptation policy frameworks for climate change: developing strategies, policies and measures [M]. Cambridge University Press, 2004.

[5] Edward L. G. , Matthew K. "The greenness of city", *Rappport Institute Tubman Center Policy Briefs*, 2008 (3).

[6] Hans Opschoor. "Sustainable Development and a Dwindling Carbon Spasce", *Envion Resource Econ*, 2010 (45).

[7] Hansen, J. , M. Sato et al. , "Target Atmospheric Carbon Dioxide: Where Should Humanity Aim", *Open Atmospheric Science Journal*, 2008 (2).

[8] Hiroaki Takiguchi, Kazuki Morita. "Sustainability of silicon feedstock for a low-carbon society", *Sustain Sci*, 2009 (4).

[9] IPCC. 2006 IPCC guidelines for national greenhouse gas inventories: volume. Japan: the Institute for Global Environmental Strategies, 2008 [2008 - 07 - 20]. http://www. ipcc. ch/ipccreports/Methodology-reports. htm.

[10] Jack T. Trevors&Milton H. Saier Jr. "Global Pollution: How Much Is Too Much?", *Water Air Soil Pollut*, 2009 (204).

[11] Kasperson R. E. , Dow K. , Archer E. , etal. Vulnerable people and

places [C]. Hassan R., Scholes R., Ash N., Eds. Ecosystems and human well – being: current state and trends. vol. 1, Washington, DC: Island Press, 2005.

[12] Koji Shimada, Yoshitaka Tanaka, Kei Gomi, Yuzuru Matsuoka. "Developing a Long-term Local Society Design Methodology Towards a Low-carbon Economy: An Application to Shiga Prefecture in Japan", *Energy Policy*, 2007, (35).

[13] Kunzmann K. R., Wegener M. The Attern of Urbanization in Western Europe [J]. Ekistics, 1991, 50 (2): 156 – 178.

[14] Lambooy J. G., Boschma R. A. Evolution Economics and Regional Policy [J]. The Annals of Regional Science. 2001, 35 (1): 113 – 131.

[15] Moulaert F., Skeia F.. Territorial Innovation Models: A Critical Survey [J]. Regional Studies 2003, 37 (3): 289 – 302.

[16] M. S. Suneetha. "Sustainability issues for biodiversity business", *Sustain Sci*, 2010 (5).

[17] Prochnow, A., Heiermann, M., Plochl, M., Linke, B., Idler, C., Amon, T., Hobbs, P. J., Bioenergy from permanent grassland—A review: 1. Biogas. Bioresource Technol 100, 2009, 4931 – 4944.

[18] Scott A. J. Regional Motors of the Global Economy [J]. Futures. 1996, 28 (5): 391 – 411.

[19] Shigeki Kobayashi, Steven Plotkin, Suzana Kahn Ribeiro. "Energy efficiency technologies for road vehicles", *Energy Efficiency*, 2009 (2).

[20] Smith E, Tran L. O. Neill R. Regional vulnerability assessment for the Mid – Atlantic Region: evaluation of integration methods and assessments results [R]. EPA/600/R – 03/082, 2003.

[21] S. Giblin, A. McNabola. "Modeling the impacts of a carbon emission-differentiated vehicle tax system on CO_2 emissions intensity from new vehicle purchases in Ireland", *Energy Policy*, 2009, 37 (4).

[22] Tdtling F., Trippl M. One size fits all? Towards a differentiated regional innovation policy approach [J]. *Research Policy*, 2005, (34): 172 – 191.

[23] Tohru MoriokaÆ Osamu SaitoÆ Helmut Yabar. "The pathway to a sustainable industrial society", *Sustain Sci*, 2006 (1).

［24］ Tosics I. European urban development: Sustainability and the role of housing ［J］. *Journal of Housing and the Built Environment*, 2004, 19: 67 - 90.

［25］ Yang Y. H., Fang J. Y., Tang Y. H., Ji C. J., Zheng C. Y., He J. S., Zhu B. A., "Storage, patterns and controls of soil organic carbon in the Tibetan grasslands", *Global Change Biology*, 2008, 14.

［26］ Zhang J. X., Cao G. M., "The nitrogen cycle in an alpine meadow eco-system", *Acta Ecologica Sinica*, 1999, 19 (4).

［27］ 安福仁：《中国低碳经济发展的战略选择》，《财经问题研究》，2010年第 8 期。

［28］ 包桂英：《环境低代价的经济增长初探——以库伦旗为例》，硕士学位论文，内蒙古师范大学，2010。

［29］ 毕军、吴建平：《后危机时代我国低碳城市的建设路径》，《南京社会科学》2009 年第 11 期。

［30］ 蔡国田、张雷：《西藏农村能源消费及环境影响研究》，《资源开发与市场》2006 年第 3 期。

［31］ 蔡吉跃、蔡振：《抢抓新一轮发展机遇 建设美丽幸福岳阳》，《岳阳职业技术学院学报》2013 年第 5 期。

［32］ 蔡天敏、谢守祥：《县城产业结构调整与科技创新》，《江苏科技信息》2001 年第 11 期。

［33］ 蔡小军：《生态产业园竞争力研究》，博士学位论文，北京林业大学，2007。

［34］ 曹清尧：《西部地区低碳经济发展研究》，博士学位论文，北京林业大学，2012。

［35］ 常文娟、马海波：《生态足迹研究进展》，《黑龙江水专学报》2010年第 1 期。

［36］ 陈栋为、陈晓宏、孔兰：《基于生态足迹法的区域水资源生态承载力计算与评价——以珠海市为例》，《生态环境学报》2009 年第 6 期。

［37］ 陈飞：《低碳城市研究的内涵、模型及目标策略确定——上海实证分析》，博士后论文，同济大学，2009。

［38］ 陈丽、花小丽、张小林：《中心村建设及其策略分析》，《乡镇经济》

2005 年第 6 期。

［39］陈柳钦：《后危机时代中国低碳经济发展之路》，《产业与科技论坛》2010 年第 1 期。

［40］陈伍香：《旅游目的地低碳化发展动力机制研究》，博士学位论文，厦门大学，2012。

［41］陈小姣：《低碳经济的法律思考》，硕士学位论文，湖南师范大学，2011。

［42］陈晓春、朱仁崎：《我国低碳发展的制约因素及其路径选择》，《西南民族大学学报》（人文社科版）2010 年第 11 期。

［43］陈玉英：《城市休闲功能扩展与提升研究》，博士学位论文，河南大学，2009。

［44］慈中阳：《运用"产业集群理论"促进威海区域经济发展》，《环渤海经济瞭望》2005 年第 11 期。

［45］崔功豪、魏清泉、刘科伟：《区域分析与区域规划》，高等教育出版社，2006。

［46］戴亦欣：《中国低碳城市发展的必要性和治理模式分析》，《中国人口·资源与环境》2009 年第 3 期。

［47］邓华、段宁：《"脱钩"评价模式及其对循环经济的影响》，《中国人口·资源与环境》2004 年第 6 期。

［48］低碳产业，http://baike.baidu.com/view/3023985.htm?fr=aladdin。

［49］丁洪建：《开发区的用地布局与规模研究——以杭州市开发区为例》，硕士学位论文，浙江大学，2004。

［50］丁永波：《低碳经济模式下区域工业结构优化升级方向探析》，《工业技术经济》2011 年第 9 期。

［51］董锁成、李泽红、李斌等：《中国资源型城市经济转型问题与战略探索》，《中国人口·资源与环境》2007 年第 5 期。

［52］董魏魏、马永俊、毕蕾：《低碳乡村指标评价体系探析》，《湖南农业科学》2012 年第 1 期。

［53］杜莉、张云、王凤奎：《开发性金融在碳金融体系建构中的引致机制》，《中国社会科学》2013 年第 4 期。

［54］段金萍：《安徽县域经济发展的制约因素及建议》，《商业经济》2013 年第 12 期。

［55］范松仁：《和谐幸福公正疏解：低碳生活的伦理维度》，《前沿》2010 年第 9 期。

［56］冯之浚、周荣、张倩：《低碳经济的若干思考》，《中国软科学》2009 年第 12 期。

［57］付允、刘怡君、汪云林：《低碳城市的评价方法与支撑体系研究》，《中国人口·资源与环境》2010 年第 8 期。

［58］付允、马永欢、刘怡君等：《低碳经济的发展模式研究》，《中国人口·资源与环境》2008 年第 3 期。

［59］高山：《乡镇环境规划研究——从案例分析到理论总结》，硕士学位论文，厦门大学，2006。

［60］谷立霞、王贤：《基于全要素协同的高碳产业低碳化创新系统研究》，《科技进步与对策》2010 年第 22 期。

［61］谷艳：《鄂尔多斯市城镇体系研究》，硕士学位论文，内蒙古师范大学，2009。

［62］顾朝林：《经济全球化与中国城市发展》，商务印书馆，2000。

［63］顾朝林：《中国城镇体系》，商务印书馆，1992。

［64］顾朝林等：《气候变化与低碳城市规划》，东南大学出版社，2008。

［65］郭福春、潘锡泉：《金融支持低碳经济发展的影响机制研究——基于浙江省数据的经验分析》，《浙江社会科学》2011 年第 10 期。

［66］郭荣朝、苗长虹、顾朝林等：《城市群生态空间结构演变机制研究》，《西北大学学报》（自然科学版）2008 年第 4 期。

［67］郭荣朝、苗长虹：《县域城镇空间结构优化重组研究——以河南省镇平县为例》，《长江流域资源与环境》2010 年第 10 期。

［68］郭荣朝、宋双华、夏保林等：《周口市域城镇空间结构优化研究》，《地理科学》2013 年第 11 期。

［69］郭荣朝、张艳、孙小舟：《鄂豫陕毗邻生态脆弱区城镇空间结构研究》，《地理与地理信息科学》2005 年第 4 期。

［70］郭荣朝：《农业循环经济模式构建探析》，《安徽农业科学》2008 年第 34 期。

［71］郭荣朝：《区域发展前沿理论与水源区经济社会可持续发展研究》，社会科学文献出版社，2012。

［72］郭荣朝：《商水县域城乡体系规划》，2013。

［73］ 郭荣朝：《县域低碳经济发展研究——以汝南县为例》，《黑龙江对外经贸》2011 年第 9 期。

［74］ 郭荣朝、苗长虹、夏保林等：《城市群生态空间结构优化组合模式及对策——以中原城市群为例》，《地理科学进展》2010 年第 3 期。

［75］ 郭雪峰：《内蒙古白绒山羊甲烷产生量估测模型的建立及其影响因素的研究》，博士学位论文，内蒙古农业大学，2008。

［76］ 何强、井文勇、王翊亭：《环境学导论》，清华大学出版社，2004。

［77］ 何强、徐绍琛：《云南县域低碳经济发展的制约因素与战略思考》，《昆明理工大学学报》（社会科学版）2011 年第 5 期。

［78］ 河南省统计局：《河南经济统计年鉴》，中国统计出版社，2001、2006、2011、2013。

［79］ 洪贺：《黑龙江省发展碳汇林业对策研究》，《东北农业大学学报》（社会科学版）2011 年第 3 期。

［80］ 胡鞍钢：《"绿猫"模式的新内涵》，《世界环境》2008 年第 2 期。

［81］ 胡大立、丁帅：《低碳经济评价指标体系研究》，《科技进步与对策》2010 年第 22 期。

［82］ 胡登利、邓明然：《可持续发展理论与医院可持续发展研究综述》，《中国医院管理》2004 年第 9 期。

［83］ 胡明铭、徐姝：《产业创新系统研究综述》，《科技管理研究》2009 年第 7 期。

［84］ 胡术阁：《对我国生态环境问题的思考》，《哈尔滨市委党校学报》2010 年第 1 期。

［85］ 环境库兹涅茨曲线，http://baike. baidu. com/view/60982. htm? fr = aladdin.

［86］ 黄海沧：《国际碳基金运行模式研究》，《广西财经学院学报》2010 年第 5 期。

［87］ 黄萍、黄颖利、李爱琴：《黑龙江省森林碳汇市场构建的可行性设计》，《资源开发与市场》2012 年第 10 期。

［88］ 江苏省统计局：《江苏经济统计年鉴》，中国统计出版社，2001、2006、2011、2013。

［89］ 江小国：《经济低碳化政策的理论依据与体系构成》，《现代经济探讨》2013 年第 11 期。

［90］ 姜秀娟：《基于生态足迹理论的挪威城市可持续发展研究》，《现代城市研究》2010 年第 2 期。

［91］ 金和成：《YM 集团公司发展战略研究》，硕士学位论文，云南财经大学，2012。

［92］ 金乐琴、刘瑞：《低碳经济与中国经济发展模式转型》，《经济问题探索》2009 年第 1 期。

［93］ 赖力：《中国土地利用的碳排放效应研究》，博士学位论文，南京大学，2010。

［94］ 乐陵市统计局：《乐陵市 2013 年国民经济和社会发展统计公报》，http://www. china-laoling. gov. cn/n1561420/n13281421/n13281541/c13448130/content. html.

［95］ 李彬：《城镇化过程中北京市农村能源结构调整路径研究》，《中国能源》2014 年第 3 期。

［96］ 李长青、李飞、杨新吉勒图：《内蒙古低碳经济发展模式探讨——中外低碳经济发展模式经验借鉴》，《当代经济》2012 年第 1 期。

［97］ 李建建、马晓飞：《中国步入低碳经济时代——探索中国特色的低碳之路》，《广东社会科学》2009 年第 9 期。

［98］ 李捷：《浩威特科技发展有限公司发展战略研究》，硕士学位论文，湖南大学，2013。

［99］ 李怒云、王春峰、陈叙图：《简论国际碳和中国林业碳汇交易市场》，《中国发展》2008 年第 3 期。

［100］ 李胜利、金鑫、范学珊、黄文明、曹志军：《反刍动物生产与碳减排措施》，《动物营养学报》2010 年第 1 期。

［101］ 李士梅、张倩：《中国低碳经济发展模式的路径选择》，《江汉论坛》2011 年第 8 期。

［102］ 李武：《基于环境库兹涅茨曲线假说的中国碳排放影响因素研究》，硕士学位论文，内蒙古大学，2011。

［103］ 李鑫：《西部地区低碳经济发展水平实证研究》，硕士学位论文，云南财经大学，2011。

［104］ 李彦：《成都市圈层经济发展研究》，硕士学位论文，四川师范大学，2007。

［105］ 李艳芳、武奕成：《我国低碳经济法律与政策框架：现状、不足及

完善》，《中国地质大学学报》（社会科学版）2011 年第 6 期。

［106］李艳玲：《环境友好型反刍动物的日粮设计》，《饲料广角》2008 年第 11 期。

［107］林汉斌：《广州区县第三产业发展与城市综合服务功能探讨》，硕士学位论文，中山大学，2010。

［108］林宏：《国内外低碳经济发展情况及对我省的建议》，《政策瞭望》2009 年第 8 期。

［109］林迎星：《区域创新系统与区域竞争优势》，博士后出站报告，厦门大学，2003。

［110］刘桂文：《县域低碳经济发展的制约因素和路径选择》，《中国农学通报》2010 年第 14 期。

［111］刘国斌、许义娇：《西部地区县域经济低碳化发展探析》，《经济纵横》2011 年第 5 期。

［112］刘慧、樊杰、Guillaume Giroir：《中国碳排放态势与绿色经济展望》，《中国人口·资源与环境》2011 年第 3 期。

［113］刘尚海、项小燕：《宁波低碳经济发展模式研究》，《经济论坛》2013 年第 5 期。

［114］刘卫东、张雷、王礼茂等：《我国低碳经济发展框架初步研究》，《地理研究》2010 年第 5 期。

［115］刘孝徽：《银川市小任果业有限公司营销策略研究》，硕士学位论文，宁夏大学，2011。

［116］刘新忠：《石油物探清洁生产研究》，硕士学位论文，中国石油大学（华东），2007。

［117］刘晔：《生态乡村建设模式与途径分析》，《经济问题》2013 年第 6 期。

［118］刘勇、张郁：《低碳经济的科技支撑体系初探》，《科学管理研究》2011 年第 2 期。

［119］刘再起、陈春：《全球视野下的低碳经济理论与实践》，《武汉大学学报》（哲学社会科学版）2010 年第 5 期。

［120］刘助仁：《低碳发展是全球一种新趋势》，《科学发展》2010 年第 1 期。

［121］柳卸林、游光荣：《建立各具特色的区域创新体系》，《国防科技》

2007 年第 11 期。

[122] 卢忠宝：《环境约束下中国经济可持续增长研究》，博士学位论文，华中科技大学，2010。

[123] 陆大道：《中国区域发展的新因素与新格局》，《地理研究》2009 年第 3 期。

[124] 吕建秋、蒋艳萍、付肖军等：《低碳林业研究综述》，《科技管理研究》2013 年第 15 期。

[125] 罗仁会：《产业结构合理性分析与调整研究》，博士学位论文，西南交通大学，2004。

[126] 骆华、费方域：《英国和美国发展低碳经济的策略及其启示》，《软科学》2011 年第 11 期。

[127] 马弘毅：《北京市经济国际化转型模式——从区域视角出发的研究》，硕士学位论文，北京工业大学，2007。

[128] 马鸿杰：《产业集群内的中小企业融资问题研究——基于违约概率和融资效率的实证分析》，博士学位论文，东南大学，2009。

[129] 马赛萍：《县域经济产业结构调整与升级的实践性探讨》，《经济纵横》2012 年第 3 期。

[130] 马忠玲：《化隆县生态城镇建设现状与对策》，《青海环境》2009 年第 3 期。

[131] 孟祥林：《低碳经济的误区与对策：发达国家的实践与我国的发展选择》，《再生资源与循环经济》2011 年第 5 期。

[132] 裴三怀：《基于低碳经济的服务业发展路径探析》，《企业家天地》2013 年第 7 期。

[133] 彭佳雯、黄贤金、钟太洋等：《中国经济增长与能源碳排放的脱钩研究》，《资源科学》2011 年第 4 期。

[134] 彭江波、郭琪：《金融促进节能减排市场化工具运行的机制研究》，《经济学动态》2010 年第 3 期。

[135] 澎湃新闻：《中国 2013 年碳排放量全球第一，或促使能源结构加速调整》，http://news.163.com/14/0923/21/A6RU881N00014SEH.html。

[136] 青海省统计局：《青海经济统计年鉴》，中国统计出版社，2001、2006、2011、2013。

[137] 任峰：《北京市电力可持续发展综合评价系统研究》，硕士学位论

文，华北电力大学（保定），2004。

[138] 任力：《经济增长与低碳转型——理论、实证与政策》，博士后出站报告，厦门大学，2010。

[139] 汝南县统计局：《汝南县统计年鉴2007~2010年》，中国统计出版社，2011。

[140] 佘群芝：《环境库兹涅茨曲线的理论批评综论》，《中南财经政法大学学报》2008年第1期。

[141] 生态足迹，http://www.china-up.com/hdwiki/index.php?doc-view-186。

[142] 石浦南、罗明灿：《低碳乡村评价指标体系的构建及实践研究——以云南省元江县为例》，《安徽农业科学》2013年第21期。

[143] 石忆邵：《城乡一体化理论与实践：回眸与评析》，《城市规划汇刊》2003年第1期。

[144] 石忆邵：《国内外村镇体系研究述要》，《国际城市规划》2007年第4期。

[145] 宋周莺、刘卫东、刘毅：《产业集群研究进展探讨》，《经济地理》2007年第2期。

[146] 孙丽丽：《我国发展低碳经济的政策研究》，硕士学位论文，中国海洋大学，2011。

[147] 孙起生：《基于低碳经济的县域产业结构优化研究——以乐陵市为例》，博士学位论文，北京交通大学，2010。

[148] 谭丹、黄贤金：《我国东、中、西部地区经济发展与碳排放的关联分析及比较》，《中国人口·资源与环境》2008年第3期。

[149] 唐震：《我国环境库兹涅茨曲线的检验》，硕士学位论文，浙江理工大学，2009。

[150] 田洁：《碳金融市场及其金融产品分析》，《知识经济》2010年第21期。

[151] 王保忠、何炼成、李忠民：《低碳经济背景下区域产业布局优化问题研究》，《经济纵横》2013年第3期。

[152] 王冰、刘威：《发展我国碳金融的思考》，《金融经济》2010年第16期。

[153] 王多云、张秀英：《中国低碳经济发展模式的难点与路径设计》，《兰州学刊》2010年第10期。

［154］王克群：《发展低碳经济的问题与对策》，《广东经济》2009 年第 11 期。

［155］王录仓、高静：《基于小尺度的高寒牧区碳排放估算——以甘南州合作市为例》，《生态学报》2014 年第 21 期。

［156］王懋、沈颖、贾健莹：《合肥高新区：全力实现绿色崛起》，《低碳世界》2011 年第 8 期。

［157］王伟：《县域低碳经济发展的制约因素和路径选择——以邠州市为例》，《武汉职业技术学院学报》2011 年第 3 期。

［158］王伟：《县域经济发展对策研究》，《徐州建筑职业技术学院学报》2010 年第 4 期。

［159］王文、李兴甫：《蚌埠市发展低碳经济的对策与建议》，《中国环境管理干部学院学报》2010 年第 2 期。

［160］王文娟：《长春市国际科技合作发展研究》，硕士学位论文，东北师范大学，2010。

［161］王文军：《低碳经济发展的技术经济范式与路径思考》，《云南社会科学》2009 年第 4 期。

［162］王晓芳、于江波：《我国减排承诺目标的实现路径研究——基于信贷配给机制》，《审计与经济研究》2013 年第 3 期。

［163］王行靳：《新农村建设视野中的生态农业发展策略》，《现代农业》2007 年第 11 期。

［164］王燕：《区域经济发展的自主创新理论研究》，博士学位论文，东北师范大学，2007。

［165］王一鸣：《我国经济增长的中期趋势和应对策略》，《全球化》2013 年第 3 期。

［166］王一鸣：《以提高经济质量和效益为中心》，《人民日报》2013 年 1 月 14 日。

［167］王增武、袁增霆：《碳金融市场中的产品创新》，《中国金融》2009 年第 24 期。

［168］魏钢焰、周翼翔：《低碳经济动力机制研究：基于生态热力学和心理经济学视角》，《生态经济》2013 年第 2 期。

［169］吴力波、汤维祺：《碳关税的理论机制与经济影响初探》，《世界经济情况》2010 年第 3 期。

［170］谢淑娟、匡耀求、黄宁生：《中国发展碳汇农业的主要路径与政策建议》，《中国人口·资源与环境》2010 年第 12 期。

［171］熊焰：《低碳经济：变革能源结构的重要支撑》，《求是》2011 年第 7 期。

［172］许涤龙、欧阳胜根：《低碳经济统计评价体系的构建》，《统计与决策》2010 年第 22 期。

［173］许广月：《中国低碳农业发展研究》，《经济学家》2010 年第 10 期。

［174］许庆瑞、郑刚、陈劲：《全面创新管理：创新管理新范式初探——理论溯源与框架》，《管理学报》2006 年第 2 期。

［175］杨芙蓉：《循环经济、绿色经济、生态经济和低碳经济》，《中国集体经济》2009 年第 30 期。

［176］杨会军：《高碳能源低碳化利用——中国推行低碳经济的能源解决之道》，硕士学位论文，对外经济贸易大学，2010。

［177］杨金红：《湖南省区域自主创新与区域经济协调发展研究》，硕士学位论文，湖南师范大学，2009。

［178］杨鹏、杨少杰、冯艳等：《加强节能减排促进云南低碳经济发展》，《云南科技管理》2011 年第 1 期。

［179］杨珍：《中国低碳经济发展水平的综合评价》，硕士学位论文，辽宁大学，2013。

［180］尹希果、霍婷：《国外低碳经济研究综述》，《中国人口·资源与环境》2010 年第 9 期。

［181］俞炜：《宁波财政良性运行机制探析》，硕士学位论文，宁波大学，2007。

［182］袁富华：《低碳经济约束下的中国潜在经济增长》，《经济研究》2010 年第 8 期。

［183］曾军：《锦州六陆公司清洁生产审计方案及实施》，硕士学位论文，天津大学，2005。

［184］张存刚、张小瑛：《"碳金融"发展现状、前景及对策研究》，《甘肃理论学刊》2010 年第 4 期。

［185］张金杰：《河北省经济发展的数量分析与对比研究》，硕士学位论文，河北师范大学，2007。

［186］张晓莉：《长春汽车产业开发区发展问题研究》，硕士论文，东北师

范大学，2009。

［187］张秀生、卫鹏鹏：《区域经济理论》，武汉大学出版社，2005。

［188］张燕燕、文剑钢、黄耀志等：《沿海小城镇低碳化发展对策探析》，《生态经济》2013 年第 10 期。

［189］张洋：《房地产绿色营销策略研究》，博士学位论文，河北工业大学，2012。

［190］张英：《区域低碳经济发展模式研究——以山东省为例》，博士学位论文，山东师范大学，2012。

［191］张正斌、王大生、陈兆波等：《中国从"红色革命"到"黑色革命"再到"绿色革命"的百年三大跨越》，《中国生态农业学报》2011 年第 1 期。

［192］赵国锋、段禄峰：《西部地区生态城镇建设的理论、构想和路径》，《现代城市研究》2013 年第 4 期。

［193］赵建军：《发展低碳经济 实现可持续发展新跨越》，《科技成果纵横》2009 年第 5 期。

［194］赵其国、钱海燕：《低碳经济与农业发展思考》，《生态环境学报》2009 年第 5 期。

［195］赵玉敏：《低碳经济的约束、挑战和机遇》，《国际贸易》2009 年第 11 期。

［196］赵志凌、黄贤金、赵荣钦等：《低碳经济发展战略研究进展》，《生态学报》2010 年第 16 期。

［197］中国人民大学气候变化与低碳经济研究所：《低碳经济：中国用行动告诉哥本哈根》，石油工业出版社，2010。

［198］中华人民共和国国家统计局：《中国经济统计年鉴（2013）》，中国统计出版社，2013。

［199］中牟县发展和改革委员会：《中牟县国民经济和社会发展第十二个五年规划纲要中期评估报告》，2013。

［200］周起业、刘再兴、祝诚等：《区域经济学》，中国人民大学出版社，1989。

［201］庄贵阳：《低碳经济与城市建设模式》，《开放导报》2010 年第 6 期。

［202］庄贵阳：《中国发展低碳经济的困难与障碍分析》，《江西社会科

学》2009 年第 7 期。

［203］ 庄贵阳：《中国经济低碳发展的途径与潜力分析》，《国际技术经济研究》2005 年第 3 期。

后　记

　　《县域低碳经济：发展机制、模式与路径》一书，是国家社会科学基金项目（12BJL046）、河南省教育厅哲学社会科学研究重大课题攻关项目（201404）、河南省高等学校哲学社会科学应用研究重大项目（2016 – YYZD – 01）、中原经济区"三化"协调发展河南省协同创新中心的研究成果，该书从讨论提纲、实地调研、查阅资料、访谈咨询到反复修改，终于付梓了。此时此刻，我心中既有完成一件事的欣慰，又有做事没有尽意的遗憾。

　　课题研究和本书撰写出版得到了教育部人文社会科学重点研究基地河南大学黄河文明与可持续发展研究中心执行主任苗长虹教授，南京大学建筑与城市规划学院甄峰教授，江苏师范大学城市与环境学院欧向军教授，河南省哲学社会科学规划办公室胡茂连副主任、黄向阳老师，河南财经政法大学学工部周红琦部长，河南财经政法大学科研处处长随新玉教授，河南财经政法大学资源与环境学院党委代洪甫书记，社会科学文献出版社恽薇主任、陈凤玲老师等多位领导、老师的指导和关心，在此深表谢意。本书出版还要感谢课题组的唐华瑞女士、张永民副教授、郭方博士、朱晓娟副教授、高成全副教授、付景保教授、王录仓教授等课题组成员，他们参与了课题的设计论证、方案讨论、实地调研和相关研究论文撰写，笔者在本书的撰写过程中也参考吸纳了他们的研究成果。本书还参考和引用了有关专家学者的许多研究成果，从中吸收了不少有价值的东西，在此谨致以诚挚的谢意。

　　本书在研究水平、对材料的把握等方面还有一定的不足，难免会存在许多缺点，敬请各位专家、学者、读者批评指正。

郭荣朝

2016 年 1 月 16 日于郑州新区龙子湖大学城毓苑

图书在版编目（CIP）数据

县域低碳经济：发展机制、模式与路径 / 郭荣朝著
. -- 北京：社会科学文献出版社，2016.6
ISBN 978 - 7 - 5097 - 9235 - 3

Ⅰ.①县… Ⅱ.①郭… Ⅲ.①县级经济 - 区域经济发
展 - 节能 - 研究 - 中国 Ⅳ.①F127

中国版本图书馆 CIP 数据核字（2016）第 119057 号

县域低碳经济：发展机制、模式与路径

著　　者 / 郭荣朝

出 版 人 / 谢寿光
项目统筹 / 恽　薇　陈凤玲
责任编辑 / 陈凤玲　张玉平　崔红霞

出　　版 / 社会科学文献出版社·经济与管理出版分社（010）59367226
地址：北京市北三环中路甲 29 号院华龙大厦　邮编：100029
网址：www.ssap.com.cn
发　　行 / 市场营销中心（010）59367081　59367018
印　　装 / 北京季蜂印刷有限公司

规　　格 / 开　本：787mm × 1092mm　1/16
印　张：14.25　字　数：236 千字
版　　次 / 2016 年 6 月第 1 版　2016 年 6 月第 1 次印刷
书　　号 / ISBN 978 - 7 - 5097 - 9235 - 3
定　　价 / 68.00 元